Christian J. Jäggi

Grundbausteine einer gerechten Wirtschaftsordnung aus säkularer, jüdischer, christlicher und islamischer Perspektive

Christian J. Jäggi

Grundbausteine einer gerechten Wirtschaftsordnung aus säkularer, jüdischer, christlicher und islamischer Perspektive

Eine Zusammenschau

Umschlagabbildung © Gstudio Templates – stock.adobe.com

ISBN 978-3-7329-0752-6
ISBN E-Book 978-3-7329-9214-0

Herstellung durch Frank & Timme GmbH,
Wittelsbacherstraße 27a, 10707 Berlin.
Printed in Germany.
Gedruckt auf säurefreiem, alterungsbeständigem Papier.

www.frank-timme.de

Inhaltsverzeichnis

Einführung

China hat das Corona-Jahr 2020 wirtschaftlich und politisch erstaunlich gut überstanden. Chinesische Statistiker meldeten für 2020 sogar ein Wirtschaftswachstum von 2,3% (vgl. Kramp 2021:19). Doch auch die Wirtschaft westlicher Demokratien erwies sich trotz Lockdowns, Lieferungsengpässen, Nachfrageeinbrüchen und massiver staatlicher Hilfspakte als erstaunlich robust. Das kann aber nicht darüber hinwegtäuschen, dass sowohl die Weltwirtschaft als auch die grossen Wirtschaftsräume vor einer Phase von Umstrukturierungen, Überprüfung und Modifikation von Wertschöpfungs- und Lieferketten und früher oder später auch vor einem grundlegenden Umbau der Wirtschaft weg von fossilen Brennstoffen hin zu einer nachhaltigen zirkulären Wirtschaft stehen[1]. Diese Situation schafft zwar Unsicherheiten, stellt aber auch eine grosse Chance für den Aufbau einer gerechten Weltwirtschaftsordnung dar.

Charles S. Maier (1993:147[2]) hat vor bald 30 Jahren die These aufgestellt, dass Ende des 20. Jahrhunderts die westlichen Gesellschaften an das Ende ihres umfassenden kollektiven Projekts gelangt seien, und zwar nicht nur zum Ende einer Vision des weltweiten Kommunismus, Sozialismus oder – so könnte man ergänzen – auch des Liberalismus, sondern der Fähigkeit überhaupt, kollektive Institutionen zu gründen, um die Zukunft zu gestalten. Und falls das stimmt, trifft das nur für Länder wie die europäischen Staaten oder die USA zu? Könnte es sein, dass selbst Länder wie China oder Indien nach einer Phase beispielloser wirtschaftlicher Expansion langsam an die Grenzen ihrer Möglichkeiten kommen? Zwar scheint es, dass die Corona-Krise nur zu einem vorübergehenden wirtschaftlichen Unterbruch geführt hat und dass sich in Folge dieser Krise autoritäre Regimes noch mehr Macht und Kontrolle über ihre Bevölkerungen als schon zuvor verschafft haben – unter anderem durch massiven Einsatz von digitalen Möglichkeiten verbunden mit einer zunehmenden Einschränkung der Grundrechte. Es wird sich zeigen müssen, ob der eher zögerliche und zeitlich begrenzte Einsatz von grundrechtseinschränkenden Massnahmen durch westliche Regierungen in der Corona-Krise nicht längerfristig der hemmungslosen Kontroll- und Überwachungspraxis ostasiatischer Länder überlegen sein wird

1 Vgl. dazu Jäggi 2021e, die Kapitel 1.6, 5.2, 5.4 und 5.5.

2 Vgl. auch Goldberg 2015:16.

– zumindest in Bezug auf die längerfristige Garantie der Menschenrechte und der Sicherung demokratischer Kontrolle und damit letztlich der Zufriedenheit ihrer Bevölkerungen. Und stehen nicht zunehmend auch Autokraten wie Putin in Russland oder Erdogan in der Türkei mit dem Rücken zur Wand, weil sich ihr wirtschaftliches und teilweise auch ihr politisches Projekt in Luft aufzulösen droht? Und in demokratischen Staaten geraten populistische Führer zunehmend unter Druck, was sich etwa in den USA in der – wenn auch knappen – Abwahl von Donald Trump gezeigt hat.

E. F. Schumacher (1979:28) hat in seinem Buch „Small is Beautiful" die Frage gestellt, warum Männer und Frauen in hohen Positionen von Irrationalität und Blindheit geschlagen seien und warum viele Menschen nicht sähen, welches ihre wahren Interessen seien. Er hat darauf eine doppelte Antwort gegeben: Einerseits seien viele Menschen von Habsucht und Neid – und zu ergänzen wäre vielleicht auch: von Machtgier – geblendet und in ihrer Einsichtsfähigkeit eingeschränkt, und anderseits würden sie „im tiefsten Inneren verstehen, dass ihre wirklichen Interessen auf ganz anderem Gebiet liegen", nämlich in einer zunehmenden Geistigkeit oder Religiosität. Allerdings kann die zweite Aussage nicht so recht überzeugen: Wenn jemand im tiefsten Inneren eine andere, geistige Wirklichkeit erahnt, dann wäre doch eher zu vermuten, dass diese Person sich selbst, ihre Lebenssituation, ihr Weltbild und auch ihr Handeln in Frage stellt.

Im Grunde geht es darum, ob wir unser Augenmerk auf äussere, materielle Ziele richten oder in einem ideell-geistigen Sinn auf eine Verbesserung der Situation der Menschen und des Planeten Erde hinarbeiten. Aus diesem Grund greift eine rein utilitaristische, also auf kollektive oder individuelle Nützlichkeit ausgerichtete Moral zu kurz, während eine zukunftsgerichtete und tragende Moral auf jeden Fall auch auf die geistig-seelische Dimension des Menschen ausgerichtet sein muss.

Wesentliche Bestandteile einer übergreifenden Wirtschaftsordnungsethik muss ihre gleichzeitige Verwurzelung in herkömmlichen religiösen Vorstellungen und in säkularen Weltanschauungen sein, aber auch ihre Fundierung in den neuesten wissenschaftlichen Erkenntnissen. Dabei ist eine neue Form von Rationalität gefordert, die weniger nach den sich ausschliessenden Kategorien „Entweder-Oder", sondern nach den sich ergänzenden Spielregeln des „Sowohl-als-Auch" funktioniert.

Dieter Birnbacher (2016:217) hat folgende Kriterien formuliert, welche an die Rationalität einer Moral zu stellen seien:

1) Konsistenz und Kohärenz,
2) Anspruch auf Allgemeingültigkeit,
3) logische Universalisierbarkeit und
4) Verzicht auf Berufung auf Autoritäten und Traditionen.

Während 1) und 3) logische Aspekte beinhalten und inhärente Eigenschaften einer jeden universellen Ethik darstellen oder darstellen sollten, ist die Frage nach der Allgemeingültigkeit (2) schon heikler: Jede postulierte Allgemeingültigkeit muss legitim sowie prozessuell fundiert sein und die Frage nach der Durchsetzbarkeit adäquat beantworten können. Dies zeigt sich etwa im Menschenrechtsdiskurs oder auch in der Einrichtung globaler Rechtsinstitutionen (z.B. Internationaler Strafgerichtshof).

Noch problematischer ist der Punkt 4): Auf der einen Seite beruht jede Ethik oder Moral auf expliziten oder impliziten Autoritäten – und sei das nur auf einer gewachsenen Konventionalität im Laufe der Geschichte. Immerhin geht der Begriff „Ethik“ auf den griechischen Begriff „ēthos“, also Wohnort, Sitte und Brauch, aber auch auf „éthos“ im Sinne von Gewohnheit und Gewöhnung zurück (vgl. Müller 2001:13). Ethik bezeichnet also etwas, was „gewohnt“, „Brauch“ oder „Sitte“ ist – deshalb spricht etwa Kant vom „Sittlichen“. Demgegenüber war „Moral“ (von lat. „mores“) ursprünglich nur die lateinische Übersetzung von „Ethos“. Auf der anderen Seite beruht *jede* Ethik auch auf Traditionen – oder neutraler gesagt: auf Erkenntnissen und Erfahrungen von Menschen oder menschlichen Gemeinschaften im Laufe der Geschichte. Selbst moderne Ethikansätze, wie etwa die Diskursethik, sind nicht denkbar ohne die abendländische Denktradition. Statt die „Tradition“ pauschal vor dem Hintergrund einer „neo-aufklärerischen Haltung“ abzuwerten und als ausschliesslich defizitär zu sehen, wäre es sinnvoller und auch methodologisch adäquater, die „Traditionen“ auf ihre Erfahrungen, Inhalte und Ressourcen abzuklopfen und diese in den modernen Ethikdiskurs einzubringen – was übrigens von Vertreterinnen und Vertretern theologischer Ethik punktuell längst gemacht wird.

Birnbacher (2016:219) unterliegt meines Erachtens einem doppelten Fehlschluss, wenn er schreibt: „Der Ausschluss einer Berufung auf Autoritäten oder Traditionen ist eine weitere Bedingung für die Glaubwürdigkeit des Anspruchs auf Allgemeingültigkeit. Wenn moralische Normen Anspruch auf Allgemeingültigkeit erheben, dann müssen sie im Prinzip jedermann einsichtig gemacht werden können. Wem auch immer die Befolgung einer moralischen Forderung zugemutet wird, hat auch ein Recht darauf, den Sinn dieser Forderung unabhängig von besonderen religiösen oder weltanschaulichen Überzeugungen allein aufgrund von Vernunft und Erfahrung einsehen zu können". Der erste Fehlschluss liegt darin, dass Birnbacher nicht zwischen moralischen Regeln und ihrer Begründung unterscheidet: Moralische Regeln können sehr unterschiedlich begründet werden: So kann etwa die Hilfe in Notfällen (bzw. rechtlich unterlassene Hilfe in Notfällen als Straftat) als Ausdruck menschlicher Solidarität, als Zeichen der Empathie oder als von Gott geoffenbarte Norm (z.B. Nächstenliebe) verstanden werden. Partikularistische – z.B. religiöse – Begründungen von Normen können in Einzelfällen sogar verbindlicher sein und sich stärker handlungsmotivierend auswirken als allgemeinverbindliche und mit dem Common Sense begründete Vorstellungen. Das Problem, das sich allerdings bei einer partikularistischen Begründung allgemeingültiger Normen stellt, ist die Frage, wie eine Festsetzung und Weiterentwicklung dieser Normen geschehen kann, ohne dass diese entweder relativiert und damit entschärft oder dass sie paternalistisch oder gar imperialistisch anderen sozio-kulturellen Kontexten aufoktroyiert werden. Das ist übrigens genau das Problem, vor welchem der Menschenrechtsdiskurs heute steht.

Der zweite Fehlschluss liegt darin, dass Birnbacher offenbar davon ausgeht, dass es eine „weltanschauungsfreie" oder gar „wertfreie" Ethik gibt: Vernunft und Erfahrung sind immer ein Kondensat einer sozio-kulturellen Umgebung und das Ergebnis historischer Entwicklungen. Oder etwas pointiert gesagt: Was als „vernünftig" oder „rational" verstanden wird, ist immer kulturell vorgegeben und damit auch abhängig von der (Denk-)Tradition. Eine „frei schwebende", „abstrakte" Vernunft gibt es nicht. Das haben auch die Juristen erkannt, wie etwa das berühmte Böckenförde-Diktum gezeigt hat. So formulierte der ehemalige deutsche Bundesverfassungsrichter Ernst-Wolfgang Böckenförde im so genannten „Böckenförde-Diktum" die Tatsache, dass der Staat von – weltanschaulichen bzw. in diesem Fall christlichen – Voraussetzungen lebt bzw. auf Voraussetzungen beruht, die er selber nicht garantieren kann:

> „So stellt sich die Frage nach den bindenden Kräften von neuem und in ihrem eigenen Kern: *Der freiheitliche, säkularisierte Staat lebt von Voraussetzungen, die er selbst nicht garantieren kann.* Das ist das grosse Wagnis, das er, um der Freiheit willen, eingegangen ist. Als freiheitlicher Staat kann er einerseits nur bestehen, wenn sich die Freiheit, die er seinen Bürger gewährt, von innen her, aus der moralischen Substanz des einzelnen und der Homogenität der Gesellschaft, reguliert. Andererseits kann er diese inneren Regulierungskräfte nicht von sich aus, das heisst mit den Mitteln des Rechtszwanges und autoritativen Gebots, zu garantieren

> suchen, ohne seine Freiheitlichkeit aufzugeben und – auf säkularisierter Ebene – in jenen Totalitätsanspruch zurückzufallen, aus dem er in den konfessionellen Bürgerkriegen herausgeführt hat. … So wäre denn noch einmal – mit Hegel – zu fragen, ob nicht auch der säkularisierte, weltliche Staat letztlich aus jenen inneren Antrieben und Bindungskräften leben muss, die der religiöse Glauben seiner Bürger vermittelt. Freilich nicht in der Weise, dass er zum ‚christlichen' Staat zurückgebildet wird, sondern in der Weise, dass die Christen diesen Staat in seiner Weltlichkeit nicht länger als etwas Fremdes, ihrem Glauben Feindliches erkennen, sondern als die Chance der Freiheit, die zu erhalten und realisieren auch ihre Aufgabe ist" (Böckenförde 1967:93f., Hervorhebung durch den Autor).

Und genau darum geht es in der vorliegenden Buchreihe: Während in einem vorauslaufenden Band[3] Grundlagen säkularer Ethiken diskutiert wurden, kamen in Band 1 bis 3 der vorliegenden Reihe[4] Aspekte jüdischer, christlicher und islamischer Ethiken zur Sprache – immer in Hinblick auf die Fragestellung, inwieweit sie als Bausteine einer übergreifenden, universellen Ethik dienen können. In diesem 4. Band werden einander Elemente säkularer und religiöser Ethik-Traditionen gegenübergestellt, mit dem Ziel mögliche Gemeinsamkeiten und weiterführende Erkenntnisse auf dem Weg zu einer universellen Wirtschaftsordnungsethik herauszuarbeiten. Dabei interessieren vor allem ordo-ökonomische[5] Ideen, Lösungsmöglichkeiten und Regelungen, die sowohl aus säkularer Sicht als auch aus jüdischer, christlicher und islamischer Perspektive einen tragfähigen Boden für eine neue Weltwirtschaftsordnung darstellen können.

Ein grundsätzliches Problem stellt dabei das Verhältnis von Ökonomik auf der einen Seite und Ethik – egal ob es um eine religiöse oder säkulare Ethik geht – auf der anderen Seite dar. Zweifellos hat dabei Andrea Roth (2017:189) recht, wenn sie betont, dass für die Beantwortung dieser Frage das Ausgangsparadigma entscheidend ist: Je nachdem, ob die Ökonomie oder die Ethik – bzw. eine Ethik – als Ausgangsbasis dient, wird die Reflexion zu einem völlig anderen Ergebnis führen. Dabei geht es jedoch nicht nur um die Frage, ob eine bestimmte Wirtschaftsethik eher ordnungsethisch vorgeht – etwa im Sinne des Ansatzes

3 Vgl. Jäggi 2018d.

4 Vgl. Jäggi 2020d; Jäggi 2020c sowie Jäggi 2021c.

5 Ordo-ökonomisch = die Wirtschaftsordnung betreffend.

vom Karl Homann[6], wie Roth (2017:188) meint – oder sich als diskursethisch versteht – Roth (2017:188) nennt in diesem Zusammenhang Peter Ulrich[7] als Beispiel –, sondern auch darum, ob zwischen Ökonomik und Ethik ein Verhältnis der Über- und Unterordnung (Homann) oder der Gleichwertigkeit (Ulrich) besteht. Homann und Lütge (2013:47) machen es sich da sicher allzu einfach, wenn sie schreiben: „Die marktwirtschaftliche Ordnung ist sittlich geboten, weil die Marktwirtschaft das beste bisher bekannte Instrument zur Verwirklichung der Solidarität aller Menschen ist". Ein vor der Trockenheit fliehender Nomade in Mali, ein armer Bauer in Nord-Nigeria oder ein landloser Bauer in Senegal würden eine solche Aussage bestenfalls als zynisch empfinden. Homann übersieht dabei, dass der Markt nicht zum Ziel hat, Solidarität zu erzeugen, sondern lediglich der Ort des Austauschs zwischen einem Anbieter und einem Nachfrager einer Ware darstellt – nicht mehr und nicht weniger. Was immer zusätzlich in den Markt hineininterpretiert wird, ist entweder Ideologie oder ein Euphemismus – also Schönfärberei. Von daher ist Roth (2017:192) zuzustimmen, wenn sie Homann vorwirft, die Moral der ökonomischen Logik zu unterordnen.

Das Problem bei Homann ist nicht, dass er einen ordnungsethischen Ansatz verfolgt, sondern dass er den ordnungsökonomischen Rahmen als unveränderlich sieht, das Modell der Marktwirtschaft nicht grundsätzlich in Frage stellt und die Ethik letztlich dem Markt unterordnet (vgl. Homann 1999:53ff.; 2001:37 sowie Homann und Blume-Drees 1992:14)[8]. Denn Marktregeln können nur geändert werden, wenn man erkennt, wo sie nicht spielen, bzw. wo der Markt das Allokationsprinzip von Waren und Dienstleistungen nicht erfüllen kann. Und gerade hier kommt man nicht ohne ideologiekritischen Ansatz aus, wie Ulrich (z.B. 2008:17f.) sehr schön gezeigt hat – was aber nicht heisst, dass damit das Marktsystem automatisch abgelehnt werden muss. Es geht also einerseits um die Klärung des Verhältnisses von Markt und Ethik und anderseits um die Bestimmung von Regeln und Standards, die dem Markt auferlegt werden müssen und die nicht der Markt selbst vorgeben kann.

6 Ausführlich zur Diskussion des wirtschaftsethischen Ansatzes von Karl Homann vgl. Homann 1993; 1995; 1999; 2001 sowie Homann und Blome-Drees 1992; ausserdem Jäggi 2018d:9ff.; 26 sowie 35f.

7 Zum Ansatz von Peter Ulrich vgl. Ulrich 2008, 2010 und 2016 sowie Jäggi 2018d:14f.; 25ff.; 37; 183ff.

8 Ausführlich zu dieser Problematik vgl. auch Jäggi 2018d:9ff.

1 Methodisch-hermeneutische Vorüberlegungen

Ein spezifisches, alle religiösen Schriften betreffendes Problem liegt darin, dass – wenn überhaupt ordo-ökonomische Aussagen gemacht werden – sich die biblischen oder koranischen Äusserungen auf ein sozio-ökonomisches Umfeld derjenigen Zeitepoche beziehen, in welcher die betreffende Schrift entstanden ist. Weil die hebräische Bibel über einen deutlich längeren Zeitraum hinweg entstanden ist als etwa das Neue Testament oder der Koran, sind die sozio-ökonomischen Bezüge auch vielfältiger, widersprüchlicher und wahrscheinlich auch inkohärenter.

Liegt also die Antwort darin – wie Binswanger (1995:34) und auch Segbers (1999:43f.) vorschlagen –, zur Antike zurückzugehen, um dort die Wurzeln der heutigen Ökonomie zu finden und damit auch den Bezug zu den biblischen Texten herzustellen? Können dabei die ordo-ökonomischen Aussagen der Bibel sozusagen kontextualisiert werden?

Werden damit aber nicht gerade auch ethische Aussagen relativiert und entschärft, weil sich ja die sozio-ökonomischen Verhältnisse in den letzten 1500 Jahren von Grund auf verändert haben und die entsprechenden Aussagen heute gar nicht mehr gültig sein *können*?

Sozusagen das umgekehrte Argument hat Segbers (1999:44) in Anlehnung an Binswanger in die Diskussion gebracht. Segbers stellt nämlich – mit Binswanger – die Frage, ob die Wirtschaftsordnung der Antike sich tatsächlich so stark von der aktuellen Marktwirtschaft unterscheide wie gemeinhin angenommen: „Bei aller Verschiedenartigkeit zwischen der Ökonomie der Antike und der des globalen Marktes liegen demnach bereits in der Antike wenigstens im Ansatz jene ökonomischen Marktmechanismen bereit, die auch gegenwärtiges Wirtschaften in seinen Grundvoraussetzungen prägen" (Segbers 1999:44). Diesen Zusammenhang hat auch Binswanger (1995:34) gesehen, wenn er schreibt: „Die Grundstruktur der Wirtschaft ist aber seit der Antike die gleiche geblieben: Es ist die erwerbswirtschaftliche geprägte Geld- und Marktwirtschaft, deren Triebfeder das Gewinnstreben ist".

Zweifellos ist beides zutreffend: Auf der einen Seite gibt es auf einer grundsätzlichen Ebene – wie etwa der Lohn- und Erwerbsarbeit – Gemeinsamkeiten zwischen der modernen globalisierten Wirtschaft und der antiken, in weiten

Teilen von der Landwirtschaft geprägten, Ökonomie. Auf der anderen Seite hat sich aber die Produktionsweise, die Wirtschaftsstruktur – etwa in Bezug auf den ausgebauten Finanzsektor oder das Verhältnis der einzelnen Wirtschaftssektoren wie Bergbau, Land- und Forstwirtschaft, Industrie und Handwerk sowie Dienstleistungen – entscheidend verändert. Entsprechend stellt sich bei jeder wirtschaftsethisch relevanten und bei jeder ordo-ökonomischen Aussage die Frage, ob sie sozusagen bruchlos auf die heutige Zeit übertragen werden kann oder ob sie kontextuellen Charakter hat und nur für die damalige Zeit oder die damaligen Verhältnisse Geltung hatte.

Zusätzlich kompliziert wird diese zentrale Frage dadurch, dass viele ordo-ökonomische Aussagen unauflösbar mit dem eigenen ideologisch-weltanschaulichen Selbstverständnis verknüpft sind: Befreiungstheologen lesen die ökonomie-relevanten Stellen in der Bibel völlig anders als die – ebenfalls katholischen – Wirtschaftsethiker Karl Homann oder Martin Ronheimer. Ähnlich divergente Sichtweisen in Bezug auf ökonomische Grundvorstellungen lassen sich auch im Judentum, im Islam und in den asiatischen Religionen feststellen.

Also alles nur voluntaristisch? Projizieren wir einfach unsere weltanschaulichen Präferenzen in die Heiligen Schriften? Lesen wir einfach das in den Heiligen Schriften, was wir herauslesen wollen?

Mir scheint, die Exegese muss diese Gefahr sehr ernst nehmen.

Von entscheidender Bedeutung ist hier die Frage des gewählten Referenz-Codes.

Immer wieder kommt es vor, dass ein Text oder eine Textbotschaft sozusagen mit einem „falschen“ Code decodiert wird. Dies stellt ein häufiges hermeneutisches Problem dar. Im Sinne von Eco (1992:228) liegt eine „abirrende Decodierung … vor, wenn ein Text gemäss einem Code C_1 geschrieben wurde und nun nach einem Code C_2 interpretiert wird“. So kann etwa eine rote Fahne am Meer Gefahr für Schwimmer signalisieren, an einer politischen Demonstration jedoch Identifikation mit bestimmten politischen Anliegen. Je nach gewähltem Referenz-Code kann sich die Botschaft oder der Inhalt eines Textes massiv verändern, ja sich unter Umständen sogar in das Gegenteil verkehren – wobei allerdings ein Text nur dann Sinn ergibt, wenn er auf einen Referenz-Code bezogen wird (vgl. dazu auch Jäggi 2009:71ff. und 117ff.).

Das bedeutet, dass in jedem Fall im Rahmen eines Dialogs sowohl zwischen säkularen und religiösen Positionen, als auch zwischen Vertretern verschiedenen Glaubensverständnisse die zur Anwendung kommenden Referenz-Codes zu klären sind, und zwar auf Seiten aller Gesprächsteilnehmenden. Nicht selten scheitert das das Gespräch jedoch bereits in dieser Phase, weil sich die Gesprächsteilnehmenden nicht auf eine gemeinsame Begrifflichkeit oder auf einen gemeinsamen semantischen Rahmen einigen können[9].

Methodisch sehe ich nur die Möglichkeit, in fünf Stufen oder Schritten vorzugehen (vgl. dazu auch Jäggi 2020c:54):

1) Die zentralen Bedeutungen und Bedeutungsebenen der jeweiligen religiösen Botschaft müssen geklärt und erschlossen werden.
2) Örtliche und zeitliche Besonderheiten müssen erkannt und die jeweils zentrale Botschaft muss aus ihnen herausgelöst werden.
3) Normative Aussagen sollen zu ordo-ökonomischen Vorstellungen verdichtet werden.
4) Die Ergebnisse sind analogen Inhalten anderer religiöser oder weltanschaulicher Kontexte gegenüberzustellen.
5) Eine übergreifende, ordo-ökonomische Ethik kann nur gemeinsam von den relevanten säkularen und religiösen Weltanschauungsgruppen auf Augenhöhe ausgehandelt werden.

1.1 Probleme

Ein *besonderes Anliegen der vorliegenden Arbeit* besteht im *Vergleich von jüdischen, christlichen und islamischen Vorstellungen untereinander und in der Gegenüberstellung zu säkularen Konzepten für eine übergreifende Wirtschaftsordnung.* Entsprechend werden einerseits säkulare Theorien und Denkmodelle mit religiösen Vorstellungen verglichen, anderseits jüdische, christliche und islamische Konzepte untereinander.

Weil die wichtigsten säkularen ordo-ökonomischen Theorien bereits aufgearbeitet sind (vgl. Jäggi 2018d:33ff.) und die wichtigsten religiösen Texte des Judentums, des Christentums und des Islams auf unsere Fragestellung hin analysiert und diskutiert wurden (vgl. Jäggi 2020d; Jäggi 2020c, Jäggi 2021c), liegt der Fokus dieses Bandes auf dem Vergleich und der Zusammenschau jüdischer, christlicher und islamischer Texte auf der einen Seite und säkularer Denkmodelle

9 So erlebte ich mehr als einmal in interdisziplinären Forschungsverbünden, dass die geforderte Inter- und Transdisziplinarität bereits daran scheiterte, dass weder zeitliche noch finanzielle Ressourcen vorhanden waren, einen gemeinsamen Begriffsrahmen aus der Sicht der verschiedenen beteiligten Forschungsdisziplinen und Teilprojekte zu entwickeln – und das sogar in sogenannten „Excellence Research"-Projekten renommierter Forschungsinstitutionen wie des Schweizerischen Nationalfonds.

auf der anderen Seite. Ein weiterer Schwerpunkt liegt auf möglichen Lösungen und institutionellen Modellen, die in diesen vier unterschiedlichen weltanschaulichen Kontexten ethisch-normativ abgestützt werden können.

Dabei ist zu bedenken, dass wirtschaftliche und ordo-ökonomische Aussagen säkularer und religiöser Schriften sich immer auf eine ganz bestimmte, örtlich und zeitlich begrenzte Lebenswelt beziehen, weshalb ökonomische Vorstellungen, Normen und Regeln keinesfalls unkritisch verallgemeinert oder 1:1 auf heutige Verhältnisse übertragen werden können. Die meisten religiösen und viele frühere säkulare Texte beziehen sich auf patriarchale sowie vorindustrielle, agrarische oder gar nomadische Gesellschaften, weshalb alle Aussagen vor diesem Hintergrund zu reflektieren und zu hinterfragen sind. Jedoch können einzelne, spezifische Regelungen durchaus auch in der heutigen Welt Sinn machen oder gar zu neuen Lösungsansätzen für sozio-ökonomische Probleme wie Armut, soziale Ungleichheit, Marginalisierung einzelner Gruppen und Befriedigung elementarer Bedürfnisse der Menschen beitragen.

Dabei sollten Methoden und Ergebnisse den üblichen wissenschaftlichen Kriterien unterliegen: Plausibilität, Überprüfbarkeit, Nachvollziehbarkeit, Reliabilität (Verlässlichkeit), Validität (Gültigkeit), Unabhängigkeit von der Person des Forschers oder des Exegeten und – vor allem – Falsifizierbarkeit[10].

10 Ausführlich zur Frage der Wissenschaftlichkeit vgl. Jäggi 2020d:38f.

2 Gemeinsamkeiten und Differenzen säkularer und religiöser Sichtweisen

Ethiker haben immer wieder die These vertreten (vgl. dazu Fenner 2016:57), dass religiöse Ethiken in der Regel heteronom[11] seien, während säkulare Ethiken eher dem Prinzip der Autonomie verpflichtet seien. Dabei wurde der religionsspezifischen Heteronomie entweder theologische, soziale, ethische oder institutionelle Fremdbestimmung vorgeworfen. Umgekehrt ist die Betonung der Autonomie etwa bei Kant sprichwörtlich.

Interessanterweise kommen säkulare und religiöse Ethiken in einzelnen Punkten immer wieder zu gemeinsamen Erkenntnissen. So lassen sich etwa Menschenrechte und Menschenwürde biblisch auf Gen 1,24ff. zurückführen, aber auch stoisch-rational begründen (vgl. Oermann 2007:57). Dazu Oermann (2007:57): „Wären die christliche und die philosophische Begründung der Menschenwürde sich ausschliessende Alternativen, wäre jeder Versuch eines hermeneutischen Brückenschlags wenig aussichtsreich". Doch es gibt auch Gegenbeispiele dazu, etwa der Freiheitsbegriff, bei dem es „anders als beim Würdebegriff eine christliche Interpretation … [gibt], die scheinbar konträr zum säkular-emanzipierten Verständnis von Freiheit läuft" (Oermann 2007:60).

Heteronome Ethiken begünstigen Tabus, weil aus einem ausserargumentativen Kontext eine Rechtfertigung eines bestimmten Gedankens oder einer bestimmten Vorstellung abgeleitet wird. Wenn irgendeine Wirtschafts- und Gesellschaftsordnung oder ein (gesetzliches oder religionsrechtliches) Normensystem damit gerechtfertigt wird, dass es gottgewollt sei, wird nicht nur ihr Inhalt, sondern auch jede weitere Begründung automatisch der argumentativen Deliberation entzogen – oder anders gesagt: Weil eine ethische Ordnung Gott zugeschrieben wird, erübrigt sich eine weitere Begründung und damit auch eine kritische Hinterfragung. Im Extremfall gilt dabei bereits die Hinterfragung als Abfall vom Glauben – denn entweder glaube ich, dass eine Heilsordnung und alle ihre Einzelheiten von Gott erlassen wurden oder ich bezweifle es. Damit wird Zweifel und kritische Hinterfragung mit mangelndem oder fehlendem Glauben gleichgesetzt. Ich habe solche Haltungen bei Christen, Muslimen und Baha'i an-

11 heteronom = fremdbestimmt, von aussen auferlegten Gesetzen unterliegend, autonom = selbstbestimmt.

getroffen – und auch bei Anhängern anderer Glaubensrichtungen. Nicht selten endeten Diskussionen über ethische Vorstellungen und besonders über Gesetze, die von einem Offenbarer und damit in den Augen der Gläubigen von Gott erlassen wurden, damit, dass mein Gegenüber sagte: Ich habe Ja zu diesem Glauben gesagt, also kann ich nicht etwas hinterfragen, was vom Offenbarer (bzw. von Gott) festgelegt wurde. Damit entsteht oft eine Tabu-Bereich, der kraft seiner göttlichen Herkunft nicht mehr hinterfragt werden darf. Die so entstandenen Tabus sind nicht – so Hartmann (2016:40) – die schärfste oder verbindlichste Form eines Moralprinzips, sondern sie stellen vielmehr „den schlimmsten Feind der Moral" dar.

Statt religiöse oder weltanschauliche Vorstellungen zu tabuisieren, sollten diese Vorstellungen immer wieder auf liebevoll-kritische Art hinterfragt werden. Wichtig ist jedoch, dass dabei nicht religiöse Vorstellungen aus einer antireligiösen oder antiklerikalen Grundhaltung heruntergemacht werden, sondern ihre geistig-spirituellen Botschaften aus ihrem sozio-kulturellen Kontext herausgeschält werden. Eine solche Art liebevoll-vernünftiger Argumentation führt nicht zu Glaubensverlust, sondern vielmehr zu einer Vertiefung des Glaubens – oder wortwörtlich zu einem „aufgeklärten Glauben".

Nach Immanuel Kant ist „Aufklärung … der Ausgang des Menschen aus seiner selbstverschuldeten Unmündigkeit. Unmündigkeit ist das Unvermögen, sich seines Verstandes ohne Leitung eines anderen zu bedienen" (Kant, zitiert nach Bahr 1986:9). Autonom wird der Mensch dadurch, dass er selbstverantwortlich seine Vernunft gebraucht und ihr folgt.

Auf der kollektiven Ebene verkörperte für Kant der *Gesellschaftsvertrag* die *Idee der Vernunft*. Kant ging von „unverlierbaren" Rechten des Individuums aus, zu denen Freiheit, Gleichheit und Selbständigkeit (Autonomie) gehören. Dabei stellte Kant die *Würde des einzelnen freien Menschen* ins Zentrum, wobei sich der Gesellschaftsvertrag konkretisiert in Demokratie, Grundrechten, Gewaltenteilung und Rechtsstaatlichkeit, welche die individuelle Freiheit nicht unverhältnismässig beschneiden soll (vgl. Gamper 2010:117).

Allerdings muss man gegen die schematische Einteilung: religiöse Ethik = heteronome Moral, säkulare Ethik = autonome Moral einwenden, dass etwa der Marxismus als säkulare Ideologie durchaus auch eine heteronome Ethik vertreten hat, nur dass sich die Heteronomie in diesem Fall nicht auf eine Religion, sondern auf die herrschende Klasse als Kollektiv – also im „Sozialismus" auf die Arbeiterklasse oder im Kapitalismus auf das Bürgertum bezog. Umgekehrt haben viele Theologen und Ethiker, die eine religionsbasierte Ethik vertraten, die Bedeutung der „autonomen Moral“ betont, also die Wichtigkeit einer vernunftbasierten Handlungsweise (vgl. z.B. Auer 1971 bzw. 1995, Mieth 2015, Bobbert 2012).

Wieder andere Theologen – so Härle 2011:103f. – haben vorgeschlagen, statt von Autonomie oder Heteronomie im religiösen Kontext von Theonomie zu sprechen (vgl. auch Fenner 2016:59).

2.1 Ökonomische Grundvorstellungen

Houtart (2012:25ff.) hat drei grundsätzliche Lösungswege vorgeschlagen, wie das aktuelle Weltwirtschaftssystem reformiert werden kann: Erstens durch Austauschen der Akteure – oder anders gesagt: die Hühnerdiebe erwischen, wie Michel Camdessus, früherer Direktor des Internationalen Währungsfonds einmal sagte –, zweitens durch Regulierung der Märkte durch die Staaten oder durch internationale Organisationen, oder drittens durch die Entwicklung eines völlig neuen Entwicklungsmodells. Dabei sei Letzteres notwendig, weil bisherige Reformen immer am Kern des Problems vorbeigegangen sind. Ein neues Entwicklungsverständnis muss erstens die externen Kosten, also die Auswirkungen der Weltwirtschaft auf das soziale Umfeld und auf die ökologische Umwelt einbeziehen. Zweitens muss es davon abkommen, die planetaren Ressourcen als unbegrenzt zu betrachten. Drittens soll es den Gebrauchswert von Gütern über deren Tauschwert stellen. Und viertens darf der Erfolg der Wirtschaft nicht mehr an der Profitabilität und an der Kapitalakkumulation gemessen werden, weil damit enorme Ungleichheiten geschaffen werden, sondern an der Zunahme des weltweiten und egalitären, das heisst einigermassen gleich verteilten Wohlstands[12].

Ein gerechtes Wirtschaftssystem braucht auch ein neues, im Interesse der gesamten Menschheit funktionierendes und nicht nur auf den maximalen Profit einiger Investoren und Anlagegesellschaften ausgerichtetes Finanzsystem.

12 Houtart (2912:27) schreibt dazu wörtlich: „All the crises that have become acute in recent times are the result of the same fundamental logic: 1) it conceives of development in a way that ignores ‚externalities‘ (that is environmental and social damage); 2) it is based on the idea of a planet with infinite resources; 3) it prioritizes exchange value over use value; and 4) it equates the economy with the rate of profitability and the accumulation of capital, creating enormous inequalities. This model, which is at the origin of a spectacular development of global wealth, has reached the end of its historical function, through the destruction it has wrought on nature and the social inequity that it has brought about“.

Lewis und Kaleem (2019:125) haben die Meinung vertreten, dass es angesichts ihres gemeinsamen Erbes wenig überraschend sei, dass Judentum, Christentum und Islam sehr ähnliche Positionen zu Finanzfragen vertreten. So gebe es sehr ähnliche Vorstellungen und Regeln über Finanzberatung und irreführende Verträge. Doch es ist auch so, dass wichtige Punkte – so etwa die Zinsfrage[13] – nicht einheitlich gesehen werden.

Dagegen recht ähnlich – und eher unkritisch wurde die Frage der Sklaverei gesehen: Während bei den alten Griechen die Handarbeit Sklavenarbeit war und sich die Freien der Musse – oder der Philosophie! – widmeten (vgl. Liedke 1981:41), stellte ursprünglich keine der grossen monotheistischen Religionen – also weder das Judentum, noch das Christentum oder der Islam – die Sklaverei als solche in Frage (vgl. dazu Jäggi 2020d 77f.; 2020c:77 und 81ff. sowie 2021c:46f.). Das hat sich im Grunde erst mit der – zumeist aus ökonomischen Gründen – erfolgten Abschaffung der Sklaverei geändert, wobei der Sklavenhandel in einer ganzen Reihe von Ländern erst im 19. Jahrhundert definitiv verboten wurde, so in England 1807, in Frankreich 1848 und in den USA 1865. Und in einigen lateinamerikanischen Ländern bestand die Sklaverei sogar bis gegen Ende des 19. Jahrhunderts – so in Brasilien bis 1888.

2.2 Grundlagen einer gerechten Wirtschaftsordnung aus säkularer Sicht

Zentrale Einrichtung aus der Sicht eines jeden marktwirtschaftlichen Systems ist das private Eigentum und insbesondere der private Besitz von Produktionsmitteln. Allerdings setzte die Kritik daran schon sehr früh ein. Nicht erst Karl Marx forderte die Abschaffung des Privateigentums an den Produktionsmitteln, wozu auch der Grund und Boden gerechnet wurde.

Bereits Jean-Jacques Rousseau (2019:173) hatte im privaten Landbesitz eine erste Ursache für soziale Ungleichheit gesehen. So schrieb Rousseau 1755 in seiner Abhandlung über den Ursprung und die Grundlagen der Ungleichheit

13 Ein allgemeines Zinsverbot gilt im Judentum grundsätzlich gegenüber anderen Juden (vgl. Ex 22,24 und Dtn 23,20f. sowie ausführlich Jäggi 2020d:100) und im Islam gegenüber Muslimen und im so genannten Haus des Islams – also in der islamischen Hemisphäre – für alle (vgl. die Suren 30,39, 4,161, 3,130 sowie 2,275ff. sowie ausführlich Jäggi 2021c:54ff. und 77ff.). Dagegen wird in den christlichen Quellen zwischen legitimem Zins und überhöhtem Zins (Wucher) unterschieden, wobei erst Papst Pius VIII. 1830 die generelle Aufhebung des Zinsverbotes verkündete (vgl. Jäggi 2020c:192).

unter den Menschen: „Der Erste, der ein Stück Landes eingezäunt hatte und es sich einfallen liess zu sagen: *dies ist mein* und der Leute fand, die einfältig genug waren, ihm zu glauben, war der wahre Grüner der bürgerlichen Gesellschaft. Wie viele Verbrechen, Kriege, Morde, wie viel Not und Elend und wie viele Schrecken hätte derjenige dem Menschengeschlecht erspart, der die Pfähle herausgerissen oder den Graben zugeschüttet und seinen Mitmenschen zugerufen hätte: ‚Hütet euch, auf diesen Betrüger zu hören; ihr seid verloren, wenn ihr vergesst, dass die Früchte euch allen gehören, und die Erde niemandem'" (Rousseau 2019:173; vgl. auch Lachmann 2016:68).

Das Kommunistische Manifest verlangte die Enteignung des Kapitals, der Produktionsmittel und des Grundeigentums (vgl. Marx/Engels 1970:46). Die durch Expropriation der Arbeiter (vgl. Marx 1972:766) und grossen Teilen der Landbevölkerung (vgl. Marx 1972:775) erfolgte Akkumulation von Kapital in der Hand einer kleinen Minderheit sollte durch eine erneute Expropriation des Kapitals und des Grundeigentums durch die Arbeiterklasse und durch die Verstaatlichung der Industrie und Wirtschaft (vgl. Marx/Engels 1970:46f.) rückgängig gemacht und in ihr Gegenteil verkehrt werden, die Enteigner der Arbeiter und Bauern sollten ihrerseits enteignet werden (vgl. Lachmann 2016:68).

Lachmann (2016:66) hat zu Recht darauf hingewiesen, dass ohne Eigentumsgarantie im Rahmen einer Eigentumsordnung der Kampf um die Verfügungsgewalt über ökonomisch knappe Güter zu einer anarchistischen Situation und zu einem Kampf aller gegen alle führen müsste. Freiwilliger Tausch und Arbeitsteilung, auf der jede hochentwickelte Gesellschaft beruht, ist nur dann möglich, wenn die Eigentumsrechte gesichert sind. Zwar bedeutet das nicht automatisch, dass die Eigentumsrechte bei Privaten liegen müssen – wie die Geschichte des Sozialismus zeigt, sind auch Formen von kollektivem Eigentum möglich. Doch welche Eigentumsform effizienter, gerechter und damit zu bevorzugen ist, darüber stritten und streiten sich die Menschen seit Jahrhunderten, spätestens aber seit dem Ende des 18. Jahrhunderts.

Das Recht auf Eigentum wird heute kaum mehr bestritten. So steht in Art. 17 der Allgemeinen Erklärung der Menschenrechte (1948):

Artikel 17

1. Jeder hat das Recht, sowohl allein als auch in Gemeinschaft mit anderen Eigentum innezuhaben.
2. Niemand darf willkürlich seines Eigentums beraubt werden.

Ergänzend dazu auch gilt Artikel 12:

> ***Artikel 12***
> Niemand darf willkürlichen Eingriffen in sein Privatleben, seine Familie, seine Wohnung und seinen Schriftverkehr oder Beeinträchtigungen seiner Ehre und seines Rufes ausgesetzt werden. Jeder hat Anspruch auf rechtlichen Schutz gegen solche Eingriffe oder Beeinträchtigungen.

Das bedeutet, dass zumindest auf grundsätzlicher Ebene das Recht auf privates und kollektives Eigentum nicht mehr in Zweifel gezogen wird. Doch die Frage ist weiterhin ungeklärt, wie mit extrem ungleich verteiltem Besitz und Eigentum umzugehen ist und wann und unter welchen Voraussetzungen Eingriffe in das Eigentum Privater gerechtfertigt sind. Diese Fragen sind deshalb von grosser Bedeutung, weil privates Eigentum – insbesondere an Land und an grossen, systemrelevanten Unternehmen – häufig die Ursache für noch grössere Ungleichheit und für Armut sind, wie etwa das Problem des *land grabbing* – also der Aufkauf von Boden durch ausländische Unternehmen in den Ländern des Südens – oder die Privatisierung von Wasserquellen zeigen (vgl. ausführlich dazu Jäggi 2018a:48ff.[14]).

2.3 Zur Sicht der Wirtschaftsordnung im Judentum, Christentum und Islam

Dagmar Fenner (2016:46) hat darauf hingewiesen, dass der Zugang zu ethischen Fragen in religiösen Texten und heiligen Schriften eher narrativ geschieht, also in Form von beispielhaften Erzählungen. Das trifft in der Tendenz sicher zu, wenn man einmal von den religiösen Gesetzeswerken und expliziten Normenkatalogen in den heiligen Schriften verschiedenster Provenienz absieht.

Interessant ist, dass alle drei monotheistischen Religionen, also das Judentum, das Christentum und der Islam, das Recht auf Privateigentum kennen bzw. den Anspruch auf Eigentum nicht grundsätzlich in Frage stellen. Allerdings gibt es in allen drei Religionen auch starke Kritik an übertriebenem Reichtum und an sozialer Ungerechtigkeit (vgl. Jäggi 2020d:76ff., 120ff. und 149ff.; Jäggi 2020c:93ff. und Jäggi 2021c:37ff.).

14 Zur Bedeutung der Bodenfrage und besonders des landwirtschaftlichen Bodens vgl. auch Jäggi 2018c:42ff.

Gestützt darauf erscheint es berechtigt, die ökonomischen Vorstellungen und Aussagen der drei grossen monotheistischen Religionen nebeneinander zu stellen und anhand semantischer Konzepte – oder Brückenbegriffe – auf Gemeinsamkeiten und Unterschiede hin zu hinterfragen.

Man könnte nun einwenden, dass Hans Küng ja in seinem Weltethoskonzept genau das versucht habe, nämlich gemeinsame ethische Kriterien der grossen Religionen herauszuarbeiten. Das trifft sicher auf der einen Seite zu. Einmal abgesehen davon, dass Küng den Weltethosbegriff normativ und nicht deskriptiv benutzte[15], besteht das methodische Problem darin, dass sich in den religiösen Texten ethische Prinzipien oder Aussagen auf sehr unterschiedliche semantische und sozio-kulturelle Kontexte beziehen, wodurch sich die Bedeutungen dieser Prinzipien auch ändern können. Demgegenüber stellt Küng sozusagen die Religionen nebeneinander und versucht, auf einer allgemeinen Ebene gemeinsame Prinzipien herauszuarbeiten[16]. Segbers (2015:37) weist aber zu Recht darauf hin, dass es methodisch problematisch ist, aus den verschiedenen religiösen Kontexten religionsübergreifende ethische Prinzipien herauszuarbeiten: „Küng kondensiert die ethischen Traditionen und bietet sie dann als Grundlage für globales Wirtschaften an. Er suggeriert eine ethische Eindeutigkeit der Religionen, die so nicht besteht, und nimmt dafür eine Universalität in Anspruch, die es so auch nicht gibt. Es gibt keinen ‚ethischen Basiskonsens', wie ihn Hans Küng in seinem breit angelegten Weltethos zu begründen sucht" (Segbers 2015:37; vgl. auch Roth 2017:207). Diese Kritik gilt es ernst zu nehmen. Deshalb muss sozusagen ein doppelter Transfer gemacht werden: Zuerst Herausarbeitung der betreffenden semantischen Konzepte aus dem jeweiligen sozio-kulturellen und ökonomischen Kontext und deren Translation, also wörtlich „Über-Setzung" in aktuelle und globale Kontexte und Fragestellungen[17].

15 „Die katastrophalen ökonomischen, sozialen, politischen und ökologischen Entwicklungen sowohl der ersten wie der zweiten Jahrhunderthälfte machen zumindest *ex negativo ein Weltethos* um des Überlebens der Menschheit auf dieser Erde *nötig*" (Küng 1990:46; Hervorhebungen durch Küng).

16 Ausführlich zur Diskussion von Hans Küngs Weltethoskonzept vgl. auch Jäggi 2021d, das Kapitel „Die Weltethos-Theorie als Antwort?".

17 Dabei ist auch an das alte italienische Bonmot: „traduttore – traditore" (= Übersetzer – Verräter) zu erinnern: Wer immer eine Übersetzung vornimmt, ändert, reduziert oder erweitert jeweils auch die Bedeutung eines Begriffs oder Konzepts. Und im Grunde stellt jede Übertragung eines Begriffskonstrukts von einem sprachlichen, soziokulturellen oder ökonomischen Kontext in einen anderen eine solche Bedeutungsänderung oder einen „Verrat" an der ursprünglichen Bedeutung dar.

Segbers (2015:40) ortet aber sehr wohl einen wirtschaftsethischen Konsens unter den Religionen, nämlich insofern, als „die Religionen vom Vorderen Orient bis nach China … eine beachtliche gemeinsame Tendenz [zeigten], den negativen Entwicklungen der aufkommenden Geldwirtschaft entgegenzutreten". Die Frage ist nur: Reicht das als Grundlage für eine gemeinsame Wirtschaftsordnungsethik? Segbers (2015:40) beantwortet diese Frage wie folgt: „Es gibt also einen ethischen Konsens der Religionen, wie ihn Hans Küng konstatiert; wer ihn erheben will, der muss an die Ursprünge zurück: die Reaktionen der eurasischen Weltreligionen auf die Verbreitung einer lebensbeherrschenden Geldwirtschaft". Doch genügt das? Das Aufkommen der Geldwirtschaft hat ökonomische und weniger sozio-kulturelle, und schon gar nicht ethisch-moralische Ursachen – und der Versuch, die Auswüchse einer neuen Entwicklung – in diesem Fall der Geldwirtschaft – zu bekämpfen, reicht kaum als Grundlage für eine ordo-ökonomische Wirtschaftsethik.

Im Folgenden wird es darum gehen, einzelne Aspekte einer neuen, kontext- und weltanschauungsübergreifenden Wirtschaftsordnung herauszuarbeiten.

2.4 Care Economy

Zentrale Aufgabe einer jeden Wirtschaftsordnung ist die Versorgung der Menschen mit notwendigen Gütern und Dienstleistungen. Wirtschaft hat also eine Versorgungs- und eine Fürsorgefunktion gegenüber den Menschen – oder sollte sie zumindest haben. Diesen zweiten Aspekt der Fürsorge hat die neuere und vor allem die feministische Ökonomie zunehmend ins Zentrum gestellt – und das zu Recht. Arbeit ist zu einem grossen Teil Care-Arbeit, also Sorge-Tätigkeit im breitesten Sinn: Es gilt, für andere Menschen zu sorgen – angefangen bei ihrer Geburt, während des ganzen Lebens und bis zu ihrem Tod, teilweise sogar noch darüber hinaus. Weil diese Arbeit lange Zeit und zu einem grossen Teil unbezahlt und von Frauen erbracht wurde und wird, geriet sie kaum in den Blickpunkt der klassischen Ökonomie, die vorwiegend männlich geprägt war.

Hans Prömper (2015:133) hat mit Blick auf die Care-Thematik folgende Fragen gestellt:

„• Wo tragen Religionen zu einer Abwertung, Überformung, Ausschliessung des Handlungstyps des Sorgens bei? …
• Wo liegen (ungenutzte) Potenziale der Religionen zu einer Aufhebung, zumindest zu einem Unterlaufen dieser Aufteilung der Lebensberei-

che Arbeit und Sorge mit ihren unterschiedlichen Wertigkeiten, ihrer unterschiedlichen Ressourcenausstattung etc.? Welche religiösen Traditionen fördern eine gerechte(re) Verteilung von Anerkennung, Ressourcen, Gratifikationen der unterschiedlichen Sphären Arbeit und Sorge? Wo können neue, auch säkulare Leitbilder auf religiöse Traditionen und Widerstandpotenziale zurückgreifen? …".

Prömper stellt diese Fragen zwar vor dem Hintergrund der Gendergerechtigkeit und bezogen auf das Christentum, doch im Grunde gelten sie darüber hinaus für alle Religions- und Weltanschauungsgemeinschaften.

Zweifellos ist es sinnvoll, das Konzept der Care-Arbeit ins Zentrum einer bedürfnisgerechten Wirtschaft und einer entsprechenden Wirtschaftsordnungsethik zu stellen. Das lässt sich ohne Schwierigkeiten sowohl auf säkulare Gerechtigkeitsvorstellungen zurückführen als auch aus religiösen Konzepten von sozialer Gerechtigkeit im Judentum, im Christentum und im Islam ableiten.

Eine Gesellschaft, welche den Care-Aspekt ins Zentrum ihrer Wirtschaft stellt, rückt damit auch die Sorge um den anderen, den Nächsten, ja um alle Menschen und Lebewesen in den Mittelpunkt. Dass dies nur in einer bedarfsorientierten Wirtschaft und mit Blick auf alle geschehen kann und kaum in einer Wirtschaft, die ausschliesslich auf den Profit und den Gewinn der Marktakteure ausgerichtet ist, liegt auf der Hand. Eine Care-Economy braucht also einen Perspektivenwechsel, einen Blick fürs Ganze, eine Ausrichtung auf die Gesamtheit der Menschen und Lebewesen.

Allerdings stellen sich dabei auch viele Fragen, wie etwa diejenige, wie sich eine solche Ausrichtung mit der Marktwirtschaft vereinbaren lässt, ohne die durchaus sinnvollen Marktmechanismen ausser Kraft zu setzen. Solange der Markt die Befriedigung der Grundbedürfnisse aller gewährleisten kann, ist und bleibt er wohl einer der besten Güterverteilungsmechanismen. Das gilt jedoch nur, wenn niemand vom Zugang zum Markt ausgeschlossen wird, wenn lebensnotwendige Güter wie Wasser, Nahrung, Luft oder Unterkunft nicht übermässigen Preissteigerungen unterliegen und wenn die Fürsorge und Bereuung der Menschen nicht einkommensabhängig geschieht.

Care-Arbeit kann in verschiedener Form geschehen: als bezahlte Arbeit, in Form von Freiwilligenarbeit, in der Familie oder in gesellschaftlichen Einrichtungen. Wichtig sind jedoch zwei Dinge: Erstens müssen alle Zugang zu Betreuungsleistungen aller Art haben und zweitens soll die Form, wie die Care-Arbeit erfolgt, von den einzelnen Menschen, die sie beanspruchen, frei bestimmt werden können: Staatliche Zwang irgendwelcher Art oder einseitige Ökonomisierung etwa von Pflegeleistungen sind abzulehnen.

2.5 Degrowth als mögliche Antwort?

Degrowth verstand und versteht sich als Alternative zu zwei dominierenden Strömungen in der sozio-politischen Landschaft: Auf der einen Seite gegenüber dem ausschliesslich wachstumsorientierten Marktliberalismus und Freihandelsdogma und auf der anderen Seite gegenüber den neuen und alten rechtspopulistischen Bewegungen mit ihrem Ziel von monokulturellen, abgeschotteten nationalen Gemeinschaften: Dabei „ist das Ziel einer Degrowth-Perspektive nicht primär, die Wirtschaftsleistung, *wie sie derzeit ist,* einfach zu schrumpfen. Vielmehr geht es darum, Wirtschaft, Gesellschaft, soziale Verhältnisse ganz anders zu gestalten. Vor allem stellt Degrowth … die Forderung, sich das Recht und die Macht wieder anzueignen, kollektiv, demokratisch und solidarisch über die Art und Weise des Zusammenlebens zu bestimmen, statt Institutionen und soziale Beziehungen dem vorgegebenen und vermeintlich alternativlosen Muster des neoliberalen Mantras zu überlassen" (Muraca 2017:9f.). Entsprechend versteht sich Degrowth als „im Entstehen begriffene soziale Bewegung" (Muraca 2017:9).

Zweifellos ist es richtig, dass der bisherige nach oben unbeschränkte Wachstumskurs in Wirtschaft und Gesellschaft nicht unendlich weitergehen kann. Begrenzte Rohstoffe, wachsende Umwelt- und Abfallprobleme, Zerstörung von Biotopen und Klimawandel sind nur einige der drängenden Probleme. Dazu kommt, dass das Wirtschaftswachstum über Jahrzehnte auf fossiler und atomarer Energie beruhte und weitherum noch beruht, weshalb auch hier ein Umdenken dringend notwendig ist. Dabei geht es nicht nur um die Frage von Energieträgern, sondern um das Wachstum als ökonomisches Prinzip und um alle damit verbundenen Fragen generell. Insbesondere überbordender und unnötiger Konsum – wobei zu definieren wäre, welcher Konsum unnötig ist –, geplante Obsoleszenz – also etwa die geplante, zeitlich begrenzte Funktionsdauer eines Produkts oder eines eingebauten Produktteils, um eine Neuanschaffung es gesamten Produkts nach einer gewissen Zeit sicherzustellen – und allgemein die Erzeugung neuer Bedürfnisse bei den Kunden gehören zu den Treibern des Wirtschaftswachstums. Degrowth, also sukzessive Verlangsamung oder gar Umkehr des Wirtschaftswachstums könnte da eine Teilantwort bedeuten. Allerdings geht das nicht ohne Schwierigkeiten.

Nach Ansicht von Nus (2017:31) muss sich die Degrowth-Bewegung folgende Fragen stellen:

- Welche Gesellschaftsorganisationen und -formen begünstigen eine Reduktion des menschlichen Konsums?
- Welche Gesellschaftsformen können das menschliche Leben wieder „in die Natur einbetten"?
- Welches Wirtschafts- und Gesellschaftssystem kann die strukturelle Unterdrückung beenden?

Sicher ist es richtig – wie Nus (2017:31) meint –, dass die Lösung dieser Fragen nicht einfach in einem anderen Lebensstil zu finden ist. Es braucht einen ökonomischen und gesellschaftlichen Wandel, dessen Auswirkung sich in einem veränderten Lebensstil zeigen wird.

So hielt auch der Ökumenische Rat der Kirchen ÖRK 2012 in seinem Text „Ökonomie des Lebens" (ÖL) fest, dass der heute verbreitete Lebensstil die Rechte anderer Lebewesen geringschätze, und auch Papst Franziskus ortete 2015 in seiner Enzyklika Laudato Si als eine Ursache für die Umweltproblematik die Dominanz und Globalisierung des technokratischen Paradigmas, das in seiner Logik den Lebensstil der Menschen konditioniere und das Leben auf die Interessen bestimmter Machtgruppen ausrichte (vgl. LS 107).

Doch stimmt es, wie Degrowth-Kritiker meinen, dass der Degrowth-Ansatz „die Problempalette auf den Aspekt des Wirtschaftswachstums [reduziere], während Themen wie Herrschaft, Privateigentum, Verteilungsfragen und Geschlechterverhältnisse vernachlässigt werden" (Häusserman und Wollny (2017:43)? Ist also der Degrowth-Ansatz so etwas wie eine Art „Kapitalismuskritik light"? So einfach ist es nicht. Einmal abgesehen davon, dass es in der Degrowth-Bewegung auch viele grundsätzliche Kapitalismuskritiker gibt, stellt die Bewegung genau die Frage nach dem Wachstum und allem, was damit zusammenhängt.

Mir scheint eher die umgekehrte Gefahr zu bestehen: Genau dann, wenn sich die Degrowth-Bewegung in eine fundamentalistische Markt- und Kapitalismuskritik verrennt, wird sie in das alte Links-Rechts-Schema eingeordnet und von Ökonomie und Politik nicht mehr ernst genommen. Denn Märkte braucht es zweifellos und wird es immer brauchen, aber entscheidend ist, welchen Rahmenbedingungen und staatlich-gesellschaftlichen Korrekturmechanismen sie unterstellt werden. Märkte sind keine Fetische, aber auch kein heiliger Gral – sie sind von beidem etwas und sie sollten den Menschen unterstellt bleiben, und nicht umgekehrt die Menschen den eigendynamischen und unkontrollierten Märkten ausgeliefert sein.

3 Schlussfolgerungen für eine transsäkulare und interreligiöse Wirtschaftsethik

Im Zusammenhang sowohl mit säkularen als auch mit religionsbezogenen Vorstellungen für eine übergreifende Wirtschaftsethik stellen sich verschiedene methodologische Fragen. So ist nach Meinung von Fenner (2016:77) „für die adäquate Einschätzung der in Heiligen Schriften überlieferten Handlungsvorschriften … generell die Reflexion auf die veränderten geographischen, ökonomischen, gesellschaftlichen, politischen und kulturellen Umstände unabdingbar". Das Gleiche gilt auch für die verschiedenen säkularen Weltanschauungen, die im Laufe der Geschichte entstanden und teilweise wieder verschwunden sind.

Natürlich ist es richtig, dass sich viele ökonomische und gesellschaftliche Bedingungen verändert haben. So wurde unter anderem sowohl im christlichen Neuen Testament – z.B. in Gal 3,28 oder im Philemonbrief – als auch im Koran die Sklaverei nicht verboten, sondern es wurden Normen statuiert, um den Sklaven das Leben zu erleichtern (vgl. Fenner 2006:77). So sollten gläubige Sklaven wie Brüder und Schwestern behandelt werden – ohne die Abschaffung der Sklaverei zu postulieren. Bereits in der hebräischen Bibel werden die Rechte der Sklaven immer wieder betont, so etwa in Ex 20,10; 21,2ff.; Lev 25,39ff.; Dtn 5,14; 12,18; 15,12ff.; 16,11ff.; 23,16f.; vgl. auch Ebach 1996b:85).

Entsprechend fordern verschiedene Exegeten (vgl. Willam 2007:208, Kaddor 2010:149 sowie Fenner 2016:77) aus hermeneutischer Sicht, zur Beurteilung und Umsetzbarkeit ethisch-normativer Regeln in den Heiligen Schriften drei Kategorien zu unterscheiden: 1) Übergreifende, nicht von historischen Gegebenheiten abhängige Gebote mit zeitlich unbeschränkter Geltung, 2) von den sozio-kulturellen und historischen Gegebenheiten abhängige Normen mit eingeschränkter Bedeutung und 3) rein historisch, geografisch oder sozio-kulturell determinierte Normen ohne Relevanz für die heutige Zeit. Als Beispiele nennt Fenner (2016:78) für die erste Gruppe rituelle Handlungsvorschriften, die ausschliesslich der Gottesverehrung dienen. Beispiele für die zweite Gruppe sind laut Fenner (2016:78) Regelungen zum Umgang mit Frauen, und zur dritten Gruppe zählt die Autorin Vorschriften zum Umgang mit Sklaven.

Doch diese Einteilung löst weder das Problem, welche Normen zu welcher dieser Kategorien gehören, noch sind die Kategorien immer trennscharf. So verstehen bis heute einige Gläubige die teilweise diskriminierenden Normen für den Umgang mit Frauen als universell gültig (Kategorie 1) an, während andere rituelle Gebote als zeitlich und kontextuell begrenzt verstehen (Kategorie 3).

Bei religiösen oder theologischen Ethiken stellt sich ausserdem das so genannte Eutyphron-Problem. Im Eutyphron-Dialog Platons (1991:12ff. sowie 2013:18ff.) fragt Sokrates seinen Dialogpartner Eutyphron: Wünschen die Götter ein bestimmtes Handeln, weil es moralisch richtig ist, oder weil die Götter es lieben und wünschen? Im ersten Fall geht es um moralisch richtiges Handeln und lässt Platz für autonome Reflexion, im zweiten Fall richtet sich das Handeln nach der Autorität des Göttlichen. Wenn also Gläubige sagen, ein bestimmtes Verhalten sei deshalb gut, weil es in der Heiligen Schrift gefordert wird, dann folgen sie der „Divine Command Theory" (vgl. Fenner 2016:142[18]), welche die Absolutheit und das vollkommene Anderssein Gottes als Orientierungsrahmen nimmt. Im Extremfall kann das zu einem extremen ethischen Voluntarismus führen. Wenn der Grund für ein Handeln der ist, dass das Handeln von einem Offenbarer oder einem Sprecher Gottes gefordert wurde, ist das keine Argumentation aus der Sicht autonomer Vernunft, sondern im Grunde ein reines Unterwerfungskonzept unter den (angeblichen) Willen Gottes. Etwas zu glauben oder auf bestimmte Art zu handeln, nur „weil es in der Schrift steht", ist deshalb problematisch, irreführend und kann leicht missbraucht werden, wie wir etwa aus dem Handeln religiöser Fundamentalisten wissen.

Hahn und Kliemt (2017:148) haben folgendes Schema zu den verschiedenen Ethikansätzen aufgestellt, in welches jeder Ansatz eingeordnet werden kann:

	Grundorientierung		
Anspruch	Pflichten	Rechte	Ziele
universalistisch	Kantscher Ansatz	Menschenrechts-basierte Ansätze (Grundrechte)	Utilitaristische und wohlfahrtsethische Ansätze
partikularistisch	Loyalitätsansprüche (z.B. gegenüber Nationen, Religionsgemeinschaften, Gruppen)	Verfassungsrechtliche Ansätze	z.B. Hume, religiöse oder weltanschaulich basierte Gebote

18 Ausführlich zur „Divine Command Theory" und ihrem Gegenstück, der „Shared Moral Universe of God and Humanity"-Theorie im jüdischen Kontext vgl. Jäggi 2020d:217ff.

Problematisch an diesem Schema ist jedoch, dass Rechte im Grunde *immer* auch Pflichten gegenüber anderen implizieren, Rechte und Pflichten lassen sich nicht voneinander trennen. Das hat etwa die Diskussion um Küngs Konzept der Menschenrechte und Menschenpflichten gezeigt. Ausserdem können religiös basierte Ziele sowohl universalistisch als auch partikularistisch sein. Vielleicht könnte man sich darauf einigen, dass alle Normen – also universalistische wie auch partikularistische – der Prüfung durch die autonome Vernunft zu unterziehen sind und nur dann, wenn sie diese Prüfung bestehen, allgemeine Gültigkeit erlangen können.

3.1 Der Utilitarismus als begrenztes Konzept

John Rawls (1996:V) hat in seinem Vorwort zu Henry Sidgwicks Buch „The Methods of Ethics" darauf hingewiesen, dass der Utilitarismus in der englischsprachigen Moralphilosophie seit Mitte des 18. Jahrhunderts die dominierende Strömung darstellt. Deshalb kann die Bedeutung des utilitaristischen Denkens in der Ethik kaum überschätzt werden.

Dabei ist der Utilitarismus eine „säkulare Ethik" (Wolf 2012:98), zumindest in jener Gestalt, die ihr Bentham, selber Aufklärer und Religionskritiker, verliehen hat. Jedoch ist – wie Wolf (2012:98) zu Recht betont – eine „Ethik ohne Gott" nicht automatisch eine atheistische Ethik. Und umgekehrt ist „Atheismus … nicht notwendig Amoralismus" (Wolf 2012:98). Leider hat der Atheismusvorwurf gegen den Utilitarismus nicht selten zu einem anti-utilitaristischen „Weltanschauungskampf" (Wolf 2012:100) geführt. Der wichtigste Unterschied zu christlich fundierten Ethik-Verständnissen lag beim Utilitarismus wohl darin, dass der Utilitarismus moralische Regeln nicht mehr auf den Willen Gottes zurückführte oder moralischen Regeln als Ausdruck einer absoluten, göttlichen Heilsordnung verstand (vgl. Wolf 2012:101). Moralische Regeln dienten im Utilitarismus vielmehr der – durchaus diesseitigen – Glücksmaximierung.

Hahn und Kliemt (2017:151) haben zu Recht darauf hingewiesen, dass der klassische Utilitarismus eines Jeremy Bentham (2016:32ff.), eines John Stuart Mill (2006) und eines Henry Sidgwick (vgl. 1996 sowie 2008:98ff.) dem ökonomischen Denken sehr nahe steht. Auch Sautter (2017:124) weist darauf hin, dass utilitaristische Überlegungen in vielen Bereichen der Ökonomik eine wichtige Rolle spielen, etwa in der Ressourcenökonomik, in der Theorie der optimalen Besteuerung oder in der Beurteilung von Märkten. Mit Blick auf Benjamin Franklin hat Max Weber unterstrichen, dass im Utilitarismus die Tugenden wie

Ehrlichkeit, Pünktlichkeit, Fleiss oder Mässigkeit im Sinne der ökonomischen Nützlichkeit „gewendet“ (Weber 1993:14) werden: Tugenden sind wünschenswert, aber nur insoweit, als sie „in concreto dem einzelnen ‚nützlich‘ sind und das Surrogat des blossen Scheins überall da genügt, wo es den gleichen Dienst leistet“ (Weber 1993:14f.). Mit anderen Worten: Tugendhaftigkeit nur da und soweit, als sie sich ökonomisch auszahlt.

Der klassische Utilitarismus will die Dominanz guter Folgen des Handelns maximieren und schlechte Folgen minimieren. So verstand etwa Bentham unter moralisch richtigem Handeln die „Maximierung des Übergewichts von Freude / Lust *(pleasure)* über Leid / Schmerz *(pain)*“ (Hahn und Kliemt 2017:154f.). John Stuart Mill (2006:23) verstand das „Prinzip des grössten Glücks“ als Äquivalent der Nützlichkeit und als Grundlage der Moral: „Nach dem Prinzip des grössten Glücks ist … der letzte Zweck, bezüglich dessen und um dessentwillen alles andere wünschenswert ist (sei dies unser eigenes Wohl oder das Wohl anderer), ein Leben, das so weit wie möglich frei von Unlust und in quantitativer wie in qualitativer Hinsicht so reich wie möglich an Lust ist…“ (Mill 2006:37). Dabei wähle ein Individuum zwischen zwei Alternativen immer diejenige, die am meisten Vergnügen und am wenigsten Schmerz verspreche: Das Individuum suche immer das grösst mögliche erreichbare Mass von Vergnügen gegenüber Schmerz[19] (vgl. Sidgwick 1996:95). Dieses Verständnis von Nützlichkeit hat den Utilitaristen nicht ganz zu Unrecht den Vorwurf des Hedonismus eingetragen. Allerdings unterscheidet etwa Sidgwick (1996:11) zwischen „universalistischem Hedonismus“ (*universalistic hedonism*), den er in Anlehnung an Bentham Utilitarismus nennt, und „egoistischem Hedonismus“ (*egoistic hedonism*), den Sidgwick einfach als „Egoismus“ bezeichnet. Doch der Hedonismus-Vorwurf geht insofern am Kern des Problems vorbei, als – wie etwa Mill (2006:33ff.) selber ausführt – damit nicht eine momentane, „niedere“ Lust gemeint ist, sondern eine grundsätzliche Haltung der Glücksoptimierung, ganz in der Tradition des „guten Lebens“ der alten Griechen. Sidgwick (1996:10) hat mit Glück eher eine „allgemeine Glücklichkeit“ (*general happiness*) im Auge, zu der er auch den menschlichen Drang zur Perfektionierung („*excellence of perfection*“) zählt.

Dabei geht es dem Utilitarismus um das Gesamtmass an Nutzen für alle Individuen. Entsprechend ist es für den Utilitarismus unwichtig, welches Individuum von einem Nutzen profitiert – es gelten das Substitutionsprinzip für die einzelnen Individuen und die Summierung des Gesamtnutzens (vgl. Hahn und

19 The individual „seeks always the greatest attainable surplus of pleasure over pain“ (Sidgwick 1996:95).

Kliemt 2017:163). Eine zweifellose Stärke des utilitaristischen Ansatzes liegt in der Präferenz für das Gesamt- oder Gemeinwohl. Dabei muss man dem Utilitarismus – oder zumindest John Stuart Mill – vorwerfen, dass er die Variabilität vereinnahmenden und ungerechten Verhaltens der einzelnen Menschen unterschätzt und die Tragfähigkeit des Gleichheitsgedankens für das Handeln im Alltag überschätzt. So schreibt etwa Mill (2006:95f.): „Nun ist aber ein Gemeinschaftsverhältnis, ausgenommen das zwischen Sklave und Sklavenhalter, nicht anders möglich als auf der Grundlage der gleichmässigen Berücksichtigung der Interessen aller". Und weiter: „Eine Gesellschaft von Gleichen kann nur unter der Voraussetzung existieren, dass die Interessen aller gleichermassen geachtet werden. Und da in jedem Gesellschaftszustand alle (ausser einem absoluten Monarchen) Gleichgestellte haben, so muss jeder mit irgendjemandem auf dieser Basis zusammenleben…" (Mill 2006:97). Das Problem ist jedoch, dass in Tat und Wahrheit mehr Menschen mit ungleichen Bedürfnissen und auch ungleich ausgeprägtem Mass der Bedürfnisbefriedigung zusammenleben müssen als Menschen mit gleichen Bedürfnissen. Und genau an diesem Punkt versagt das als Summe von (gleichen) Einzelbedürfnissen verstandene kollektive Nützlichkeitsprinzip des Utilitarismus. Man müsste an Mill die Frage stellen, ob er hier nicht sozusagen einem umgekehrten naturalistischen Fehlurteil unterliegt, wenn er von dem, was sein sollte (Gleichheit), auf das schliesst, was (angeblich) ist.

Wie an anderer Stelle diskutiert (vgl. Jäggi 2018d:24ff.) sind das Pareto-Kriterium[20] und im weiteren Sinn auch das Prinzip des grösstmöglichen Nutzens letztlich empirisch nicht überprüfbar. Selbst die gleiche Summe Geld bedeutet für keine zwei Menschen genau das Gleiche, ich kann letztlich nur mittels Einfühlung und Empathie nachvollziehen, was eine bestimmte Summe Geld für jemanden bedeutet (vgl. Gesang 2016:45). Dabei übertragen sich jedoch eigene

20 Benannt nach dem Soziologen und Volkswirtschaftler Vilfredo Pareto Ende des 19. Jahrhunderts definiert das Pareto-Kriterium das, was als minimaler ökonomischer Nutzen verstanden werden kann: „Das Pareto-Kriterium … ist die Antwort der jüngeren Wohlfahrtstheorie auf die ‚kommunistische Fiktion' des utilitaristischen Prinzips und der auf ihm beruhenden Vorstellung von einem ‚volkswirtschaftlichen Maximum'. Als kollektive (volkswirtschaftliche) Wohlfahrtsverbesserungen sollen gemäss dem Pareto-Kriterium nur noch jene sozialen *Veränderungen* anerkannt werden, durch die sich die (subjektiv beurteilte) Lage von mindestens einem Individuum verbessert, ohne dass sich dadurch die Lage irgend eines anderen Individuums verschlechtert. Als *pareto-effizient* gilt also jeder gesellschaftliche (politische) Reformvorschlag, dem alle Beteiligten allein deshalb zustimmen, weil er für jeden unter ihnen die *vorteilhafteste* real verfügbare Alternative ist und insofern ‚zum Vorteil aller Betroffenen' ausfällt. Als *pareto-ineffizient* gilt umgekehrt jeder Vorschlag für die Veränderung sozialer Spielregeln, der bei einzelnen Betroffenen Ablehnung (fehlende ‚Akzeptanz') provoziert, weil die Veränderung gemäss ihrer subjektiven Wahrnehmung ihren Besitzstand verletzt" (Ulrich 2016:203).

Einschätzungen und Präferenzen auf den anderen, weshalb letztlich Nutzenvergleiche im besten Fall annäherungsweise möglich sind und im schlechtesten Fall überhaupt nicht. Klassisch ist etwa der Ausspruch von Marie Antoinette gegenüber Forderungen der Protestierenden auf der Strasse, welche kein Brot hatten: „Wenn sie kein Brot haben, sollen sie halt Kuchen essen". Weder das ökonomische Konzept der *„extended preferences"* noch das der *„revealed and stated preferences"* (vgl. Gesang 2016:45), welche gestützt auf verbale Angaben von Präferenzen und dem faktischen Kaufverhalten erhoben werden, helfen da weiter, weil gerade in Überflussgesellschaften aufgrund der riesigen Zahl von Produkten nicht nur innerhalb der gleichen Produktekategorie gewählt werden kann, sondern – wichtiger – viele Produkte und Angebote in einem substitutiven Verhältnis zueinander stehen, welches die eindeutige Messung der Präferenz faktisch unmöglich macht. Wenn Äpfel als einzige Frucht zur Verfügung stehen, werde ich Äpfel essen, auch wenn ich sie nicht gern mag. Wenn jedoch alternativ 50 Früchte zur Auswahl stehen, kann ich beliebig auswählen. So erinnere ich mich an eine Situation in der ehemaligen Sowjetunion Anfang der 1980er Jahre, als ich im damaligen Leningrad einen Russischkurs besuchte: Eines Tages kam ein kolumbianischer Frachter mit Bananen an, und in der ganzen Stadt gab es auf einmal Bananen zu kaufen, während vorher und nachher wochenlang nirgendwo Bananen zu kaufen waren. Dabei deckten sich Tausende von Leningrader mit Bananen ein, auch solche, die Bananen eigentlich nicht mochten.

Allerdings sollte man aufgrund der Nähe des Utilitarismus zum ökonomischen Denken nicht „das Nützliche und Zweckmässige" (Wolf 2012:103) einfach mit dem kurzfristigen Vorteil des Handelnden gleichsetzen. Wolf (2012:103) spricht in diesem Zusammenhang von einer Verwechslung von Utilitarismus und Opportunismus. So wird etwa ein Opportunist bei Bedarf nicht grundsätzlich auf Lügen verzichten, während dagegen Utilitaristen ein Lügenverbot verlangen. Dies einerseits, weil sie den Nutzen der Charaktereigenschaft der Wahrhaftigkeit hoch einschätzen, und anderseits, weil Lügen zur Untergrabung der Glaubwürdigkeit von Aussagen führen, was ein Hindernis für die menschliche Kommunikation darstellt (vgl. Wolf 2012:102). Zwar ist auch für Utilitaristen das Lügenverbot keine ausnahmslose Regel, etwa wenn die Geheimhaltung grösseren Nutzen für die Allgemeinheit verspricht. Doch in der Tendenz gilt das Gesagte.

Eine Stärke und gleichzeitig eine Schwäche des Utilitarismus liegt darin, dass er zu den konsequentialistischen Theorien zählt (vgl. Schroth 2016:17 sowie Williams 2016:254). Er macht damit die Richtigkeit oder Falschheit einer Handlung von den Folgen der Handlung abhängig (vgl. Schroth 2016:17). Als angestrebte Folge gilt dabei das allgemeine Wohlergehen oder Wohlbefinden, weshalb man den Utilitarismus auch als Variante des „Welfarismus" („*welfarism*") bezeichnet hat (vgl. Schroth 2016:11). Positiv an dieser Position ist, dass jede Handlung an ihren Auswirkungen gemessen wird. Umgekehrt zeigt sich die Schwäche des Konsequentialismus dann, wenn er von jeglicher inneren Haltung oder Grundüberzeugung abstrahiert und ausschliesslich die (äusseren) Ergebnisse bewertet. Wohl deshalb spricht sich etwa Henry Sidgwick (2016:115) explizit für eine Haltung der Nächstenliebe aus, wenn er schreibt: „Der Utilitarist [wird] offensichtlich die Kultivierung der Zuneigung und den Vollzug liebevoller Dienste gutheissen. Es könnte aber gesagt werden, dass das, was wir befürworten sollten, nicht so sehr die Zuneigung für besondere Einzelpersonen ist, sondern vielmehr ein in seiner Reichweite universelleres Gefühl – Nächstenliebe, Menschenliebe oder … der ‚Enthusiasmus der Mitmenschlichkeit'".

Entsprechend kann der Utilitarismus wenig über die konkrete Handlungspräferenz gegenüber einzelnen Individuen aussagen. So stellt sich etwa die Frage: Kann statt einer Verteilung einer Brotscheibe auf 10 Hungernde nicht mehr Nutzen erzielen, wenn sie von einem der Hungernden verspeist und diesem einen damit das Überleben garantiert, als eine „gerechte" Aufteilung der Brotscheibe unter alle 10, wodurch keinem das Überleben gesichert wird? So schreiben Hahn und Kliemt (2017:165) zu Recht: „Eine utilitaristische öffentliche Güterzuteilung wird immer jene bevorzugen, die den grössten Grenznutzen aus den Gütern ziehen" – also denjenigen, die „der Allgemeinheit" am meisten Nutzen erbringen. Aber ist das gerecht? Damit steht beim Utilitarismus einseitig das Leistungs-Ertrags-Konzept im Mittelpunkt, nicht die Bedarfsgerechtigkeit. Das Grundproblem beim Utilitarismus besteht darin, dass die Nutzenmaximierung für die Allgemeinheit a) von den jeweils zur Anwendung kommenden weltanschaulichen Wertvorstellungen abhängt und b) der gesamtgesellschaftliche „Nutzen" einzelner Individuen quantifiziert und aufsummiert werden muss. So wäre etwa – utilitaristisch argumentiert – die Euthanasie von Behinderten im Dritten Reich ethisch legitimierbar, wenn ihr Überleben für die Gesellschaft ökonomisch grössere Kosten generiert als ihre Tötung. Dieses Beispiel zeigt deutlich die Grenzen utilitaristischer Vorstellungen (vgl. dazu auch Jäggi 2016a:203ff.).

Oder anders gesagt: Der Utilitarismus kann die individuelle Menschenwürde nicht garantieren, weil es eine Tatsache ist, dass einzelne Menschen für die Gesellschaft nützlicher sind als andere – und welche Menschen das sind, ist immer abhängig von den zur Anwendung kommenden Nützlichkeitskriterien. Das bedeutet: um vergleichbar zu sein, muss „Nutzen" immer reduktionistisch verstanden werden, einzelne Aspekte von Heterogenität oder Vielfalt – die durchaus auch „nützlich" sein können, aber gleichzeitig auch als reine „Kostenfaktoren" verstanden werden können – lassen sich weder quantifizieren noch vergleichen. Oder wie es Otfried Höffe (2008:42) formulierte: „... bei vielen Handlungsalternativen [lässt sich] ihr Nutzen nicht annähernd quantitativ bestimmen. Daraus folgt die Gefahr, dass wir Zwecke, deren Mittel und Wege gar nicht oder nicht so leicht quantifizierbar sind, vernachlässigen und uns stattdessen auf die doch sekundären Probleme konzentrieren, auf die Fragen des Billiger, Schneller, Grösser usw.".

3.2 Für eine integrative Ethik säkularer und religiöser Wirtschaftsordnungen

Die Analyse verschiedener Verständnisse theologischer und säkularer Ethik hat ergeben, dass eine diskursethisch entwickelte, religions- und weltanschauungsüberreifende Wirtschaftsordnungsethik wesentliche Aspekte säkularer und religiöser Ethiken einbeziehen und sich auch ständig weiter entwickeln muss (vgl. Jäggi 2020c:15). Gleichzeitig sollte sich eine solche weltanschauungsübergreifende Ethik immer auch an die zentralen ethischen Anliegen der einzelnen Religionen und Weltanschauungen anbinden lassen. Bildlich dargestellt kann das so aussehen:

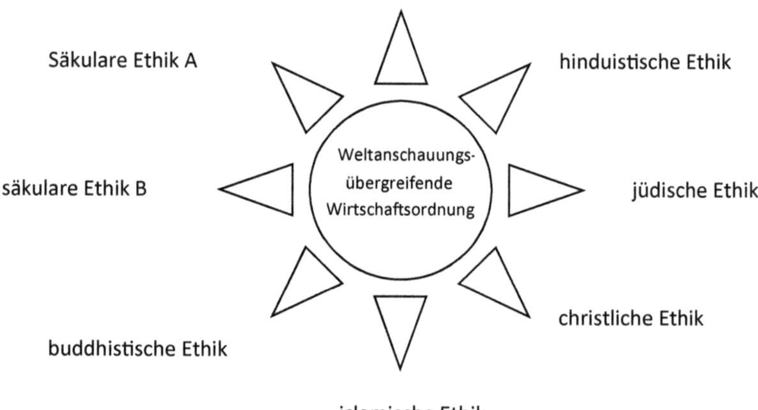

Dazu folgendes Beispiel: Laut Arif (2014:17) beruht eine gerechte Ökonomie aus islamischer Perspektive auf den folgenden fünf Grundlagen:

1. Gottes Einheit und Souveränität *(tawhid)*;
2. Perfektionierung der Dinge und göttliche Regeln für die Ernährung *(rububiyyah)*;
3. Die Rolle des Menschen als Stellvertreter und Verwalter Gottes auf der Erde *(khilafah)*;
4. Reinigung und Wachstum *(tazkiyah)*;
5. Die Überzeugung, dass jeder Mensch am Tag des Gerichts Rechenschaft ablegen muss für sein Leben und sein Verhalten auf der Erde.

Wichtig ist, dass im Islam ökonomisches Verhalten im Diesseits nicht getrennt zu sehen ist von der Ausrichtung auf das Jenseits. Mit anderen Worten: Das Wohlergehen im Diesseits ist eng verknüpft ist mit dem Wohlergehen im Jenseits, unter anderem deshalb, weil die Menschen am Tag des Gerichts Rechenschaft ablegen müssen über ihr Verhalten auf dieser Welt. Dabei bleiben Fehler im diesseitigen Leben auch im Jenseits bestehen: „Und wer in diesem (Leben) blind ist, der ist (auch) im Jenseits blind und irrt noch mehr vom Weg ab" (Q 17,72; Khoury-Übersetzung; vgl. dazu auch Jäggi 2021c:24).

Das bedeutet, dass eine transsäkulare und interreligiöse Ethik, die auch für Muslime gelten soll, diese Kriterien erfüllen muss – beziehungsweise diesen Prinzipien nicht diametral entgegengesetzt sein darf.

An diesem und an anderen Punkten trifft sich die islamische Sicht mit der jüdischen und mit der (ursprünglichen und neueren) christlichen Sicht: Weder wird der Mensch auf ein Jenseits vertröstet, noch lebt er ausschliesslich im Diesseits – beide Welten gehören zusammen und bilden auch eine theologisch-anthropologische Einheit. Das gilt besonders auch für den Genuss und die Produktion von materiellen Gütern und für das Verhältnis zur Umwelt.

In Anlehnung an Houtart (2012:11ff.) hat der Befreiungstheologe Ulrich Duchrow (2013:223) vier Dimensionen für eine neue Sicht von Wirtschaft und Gesellschaft und für ein übergreifendes Gesellschaftsparadigma definiert:

„• Eine neue Beziehung zur Natur;
- die Produktion und Reproduktion der materiellen Grundlage des Lebens – in physischer, kultureller und spiritueller Hinsicht;
- die soziale und politische Selbstorganisation;
- die Interpretation der Realität und des Engagements der Akteure, diese zu schaffen, das heisst: die Kultur" (Duchrow 2013:223).

Nach Ansicht von Hans Küng (1990:54) können Geld, Kapital, Arbeit, Wissenschaft und Technik, aber auch die Industrie immer nur Mittel zum Zweck sein, wobei Gewinn nicht ein Ziel sein kann, sondern nur ein Resultat. Dabei darf der Mensch selbst nie zum Objekt werden – er muss immer Subjekt bleiben.

Bei seiner Diskussion eines zukunftsfähigen Liberalismus hat Otfried Höffe (2015:129) sechs ordnungspolitische Aufgaben formuliert: So seien mit Blick auf künftige Generationen[21] Errungenschaften zu bewahren und auszubauen, die sich auf folgende Bereiche beziehen: „(1) auf die Kultur, einschliesslich Sprache, Literatur und Kunst, Musik, Architektur, Wissenschaft, Medizin und Technik; (2) auf die materielle und edukative Infrastruktur: von den Verkehrswegen und der Kanalisation über das Gesundheitswesen bis zum Schul- und Hochschulwesen und der architektonischen Qualität der Städte; (3) auf rechtliche und soziale Institutionen; (4) auf den Wirtschaftsbereich, hier namentlich auf Investitionen und auf eine angemessene Kapitalakkumulation statt wachsender Verschuldung; (5) auf die Umwelt, einschliesslich dem ästhetischen und dem Erholungswert der Landschaft (nur dann kann man von einem ökologischen Liberalismus sprechen); nicht zuletzt (6) auf die Bevölkerungsentwicklung". Ergänzen müsste man ausserdem – entweder unter (1) oder als zusätzlichen Punkt (7) – den Reichtum religiöser Traditionen und spiritueller Wege für die geistige Entwicklung der Menschen.

Küster (2011:60) hat aus dem Bereich der kontextuellen Theologien der Dritten Welt vier Relevanzkriterien abgeleitet: „Das sozialethische Kriterium der Option für die Armen, wie es von den an der sozio-ökonomischen und politischen Dimension ihres Kontextes orientierten Befreiungstheologien Lateinamerikas formuliert wurde, und die von den afro-asiatischen Inkulturationstheologien zum Kriterium erhobene Forderung nach der Respektierung kulturell-religiöser (und ethnischer) Identitäten; hinzugekommen sind ökologische Nachhaltigkeit sowie Gender-Gerechtigkeit".

Auf ein anderes Problem hat Kuran (2014:148) in seiner Diskussion islamischer Wirtschaftsethik hingewiesen: Altruistische Normen und die Grösse einer Gesellschaft stehen in einem umgekehrten Wirkungsverhältnis: Altruistische Normen funktionieren umso besser, je kleiner und überschaubarer die betreffende Gesellschaft oder Gemeinschaft ist, während grosse Gesellschaften meist durch Partikularinteressen bestimmt werden[22]. Weil sich die Menschen in

21 Vgl. dazu Jäggi 2018c:31ff.; Jäggi 2019b:32f.; Jäggi 2020b:175ff. sowie Jäggi 2021b:55ff.

22 „A variety of studies by sociologists and economists show that in a small community or tribe, where people live in fairly continuous contact and share similar experiences and preferences, individual members tend to display considerable altruism toward the community at large" (Kuran 2014:148).

kleineren Gemeinschaften noch weitgehend persönlich kennen und immer wieder Kontakt untereinander haben, sind sie auch eher bereit, anderen bei Bedarf zu helfen und ihre eigenen Interessen etwas zurückzustellen (vgl. Kuran 2014:148). Anders gesagt: altruistische Normen scheinen in grossen Gesellschaften „relativ ineffektiv“ (Kuran 2014:149).

Als Folge davon sollte überall das Prinzip der Subsidiarität eingeführt werden: Die Lösung von Problemen und Schwierigkeiten sollte immer so nahe wie möglich an den Menschen, so lokal wie möglich aber auch so umfassend wie nötig geschehen – ein übertriebener Zentralismus bewirkt zu grosse Distanz zu den Menschen und führt zu Bürokratiemonstern, ein zu engstirniger Lokalismus ist unfähig, übergreifende Probleme angemessen anzugehen. Subsidiarität in der Entscheidfindung sollte auf mehreren Stufen zur Anwendung kommen: Auf der Ebene der Gemeinde oder Kommune, auf der Ebene des Distrikts, des Landes oder des Kantons, auf nationaler Ebene und auf weltweiter Ebene.

3.3 Die Menschenrechte als notwendige Grundlage

In Ergänzung zu den politischen Menschenrechten der Allgemeinen Menschenrechtserklärung von 1948 und des Internationalen Pakts über bürgerliche und politische Rechte 1966 – UNO-Pakt II –waren und sind zusätzliche soziale und wirtschaftliche Menschen- und Grundrechte erforderlich. Diese sind im Internationalen Pakt über wirtschaftliche, soziale und kulturelle Rechte (UNO-Pakt I) (1966) aufgeführt. Der UNO-Pakt I wurden am 16. Dezember 1966 verabschiedet und traten am 3. Januar 1976 in Kraft.

Der UNO-Pakt I der Menschenrechte umfasst eine Reihe von wirtschaftlichen, sozialen und kulturellen Menschenrechten. Diese Rechte können in folgende Kategorien eingeteilt werden:

„• *Recht auf Arbeit und Rechte im Arbeitsleben*: Recht auf Arbeit; Recht auf gerechte und günstige Arbeitsbedingungen; Recht der Arbeitnehmerinnen und Arbeitnehmer auf Zusammenschluss in Gewerkschaften, Streikrecht.
- *Rechte auf Existenzsicherung*: Recht auf soziale Sicherheit, Recht auf Schutz der Familie, Recht auf angemessenen Lebensstandard, d.h. auf ausreichende Ernährung, Bekleidung und Unterbringung sowie auf eine stetige Verbesserung der Lebensbedingungen; Recht eines jeden auf das für ihn erreichbare Höchstmass an Gesundheit.

- *Kulturelle und wissenschaftliche Rechte*: Recht auf Bildung; Recht auf unentgeltlichen Primarschulunterricht; Recht auf Teilnahme am kulturellen Leben und am wissenschaftlichen Fortschritt; Kunst- und Wissenschaftsfreiheit.
- *Diskriminierungsverbot*: Anspruch auf Genuss dieser Rechte ohne Diskriminierung hinsichtlich Rasse, Geschlecht, Sprache, Religion, politischer oder sonstiger Anschauung, nationaler oder sozialer Herkunft; Gleichberechtigung von Mann und Frau in der Ausübung der Rechte dieses Vertrages".

Die im Sozialpakt (UNO-Pakt I) von 1966 festgeschriebenen wirtschaftlichen, sozialen und kulturellen Rechte wurden bis 2020 von 171 Staaten unterzeichnet. Weitere soziale und wirtschaftliche Rechte sind in verschiedenen Übereinkommen und Empfehlungen der Internationalen Arbeitsorganisation (International Labour Organisation) formuliert (vgl. z.B. ILO 1998).

Diese sozialen, wirtschaftlichen und kulturellen Rechte bilden eine religions- und weltanschauungsübergreifende Grundlage, die weltweit ohne Einschränkungen durchgesetzt werden müssen. Allerdings gibt es Diskussionen über die Konkretisierung dieser Rechte in den unterschiedlichen sozio-kulturellen und nationalen Kontexten – und dieser Diskurs muss offen, ohne künstliche Einschränkungen und weltweit geführt werden. Auch sind einzelne Menschenrechte auszubauen und zu erweitern.

So müsste unter anderem ein umfassendes Menschenrecht auf Migration formuliert und durchgesetzt werden, das nicht nur das Recht auf Auswanderung und Rückkehr ins Heimatland beinhaltet, sondern auch ein Recht auf Einwanderung und freie Niederlassung (vgl. ausführlich dazu Jäggi 2016c:108ff.).

Interessant ist dabei, dass die Menschenrechte – und damit auch die wirtschaftlichen, sozialen und kulturellen Menschenrechte – die traditionellen Landesgrenzen des klassischen Völkerrechts überschreiten, indem sich die Staaten wechselseitig verpflichten, soziale und wirtschaftliche Grundrechte zu garantieren (vgl. Segbers 2015:19).

Allerdings hapert es weitherum mit der Durchsetzung. So verweist Segbers (2015:24) auf das Beispiel der deutschen Firma Continental, welche sich bereits 2011 zur Achtung der Menschenrechte, zu den OECD-Leitsätzen für multinationale Unternehmen und zur Grundsatzerklärung der ILO bekannte und sich in ihrem Verhaltenskodex zu folgenden Standards verpflichtete: „Wir respektieren die Gesetze und die Kultur in jedem Land, in dem wir tätig sind. Wir halten uns an einen Kodex von ethischen und rechtlichen Richtlinien und fühlen uns stets zu Ehrlichkeit und Integrität verpflichtet" (zitiert nach Segbers 2015:24). Das tönt wunderbar. Nur: Reicht es tatsächlich, ein formell austariertes Compliance-Management aufzubauen, wenn die Landesgesetze die Menschenrechte nicht garantieren, wenn der Staat sie nicht durchsetzen kann oder wenn Korruption, Intransparenz und Partikularinteressen zum Alltag in einem Land gehören? Werden in einem solchen Umfeld ethische Verhaltenskodizes nicht einfach zu heisser Luft und zu einem billigen Marketinginstrument in den Absatzländern? Offensichtlich braucht es mehr als das: So sollten die Heimat- oder Hauptgeschäftssitzländer gerade auch grosser und international tätiger Konzerne diesen vorschreiben, die in ihrem Geschäftssitzstaat geltenden Menschenrechtsstandards auch in allen anderen Ländern einzuhalten – und darauf zu achten, dass dies auch ihre Zulieferer tun[23].

Franz Segbers (2015:14) hat darauf hingewiesen, dass die Wirtschaftsethik menschenrechtsbasiert sein muss: „Eine menschenrechtsorientierte Wirtschaftsethik muss … von den wirtschaftlichen und sozialen Rechten der Menschen am Ort der Arbeit ausgehen. Die *wirtschaftlichen Rechte* umfassen vor allem das Recht *auf* Arbeit, Rechte *in der* Arbeit und Recht *aus* Arbeit; in den *sozialen Rechten* wird vor allem das Recht auf soziale Sicherheit, Gesundheit und Nahrung angesprochen". Dabei stehen – so Segbers (2015:14) – die Menschenrechte über allen anderen Gesichtspunkten und Ansprüchen.

Ein noch nicht genügend diskutiertes Problem des menschenrechtlichen Ansatzes einer Wirtschaftsordnungsethik besteht darin, dass in Art. 17 der Menschenrechterklärung und in den meisten nationalen Verfassungen das Recht auf Eigentum garantiert wird. In verschiedenen Gerichtsurteilen haben Hedge Fonds und andere Investoren durchgesetzt, dass Schuldner unter praktisch allen Umständen den Schuldendienst aufrechterhalten müssen. Damit werden ganze Bevölkerungen verschuldeter Länder als Pfand genommen. Dazu ein Beispiel:

> „Im Sommer 2014 verurteilte das Oberste Gericht der USA Argentinien zu einer Zahlung von 1,5 Milliarden US-Dollar an den Hedge Fonds NML Capital – also an US-Investoren –, weil diese zwischen 2005 und 2010 nicht an den Schuldenumstrukturierungen teilgenommen hatten (vgl. Busch 2014 und Brühl 2014,13). Dabei steht die argentinische Regierung vor einem Dilemma: Zahlt sie den Hedge Fonds aus, drohen weitere Klagen so genannter Hold-Outs, also von nicht an den Umschuldungen beteiligten Gläubigern, über mehr als 65 Milliarden US-Dollar – und das bei

23 Vgl. dazu auch das Kapitel „5.5 Steuerung ökonomischer Globalisierung".

> Devisenreserven von gerade mal 28,5 Milliarden US-Dollar 2014! Weigert sich das Land, zu bezahlen, dann wird es zu einem finanzwirtschaftlichen ‚Out-Law' und das von einer Wirtschaftskrise gebeutelte Land muss mit weiteren Sanktionen rechnen. Nach Bekanntwerden des Urteils brachen die Kurse an der argentinischen Börse um 10% ein und die Kosten für Kreditausfallversicherungen (CDS) auf argentinische Staatsanleihen schnellten in die Höhe (vgl. Brühl 2014,13)" (Jäggi 2016d:63).

Deshalb muss dringend zwischen Schulden von Staaten und öffentlichen Institutionen auf der einen Seite und von privaten Schulden von Einzelpersonen auf der anderen Seite unterschieden werden. So wie sich Privatpersonen durch Insolvenz von ihren Schulden befreien können – zumindest in einigen Ländern –, sollte es auch für staatliche oder öffentliche Institutionen – wie z.B. Altersfonds – ein Schuldentlastungsverfahren geben, das hoch verschuldeten Ländern einen Neustart ermöglicht, ohne dass ganze Bevölkerungsgruppen verarmen oder durch Abbau sozialer Institutionen jegliche soziale Absicherung verlieren. Insbesondere durch illegitime Regimes oder Autokraten angehäufte Schulden sollten den Gläubigern keinen Rechtsanspruch auf Rückzahlung geben – wenn Investoren solchen Regimes Geld leihen, sollte das unter Hochrisikoanleihe laufen – und ein möglicher Ausfall muss zu 100% von den Darlehensgebern getragen werden. Wenn Hedge Fonds und andere private Investoren während Jahrzehnten ganze Länder zur Rückzahlung von Schulden illegitimer oder korrupter Regimes zwingen können, die klar gegen die Interessen ihrer Bevölkerungen regierten und für ihre Eigeninteressen staatliche Kredite aufnahmen, ist das nicht nur moralisch verwerflich, sondern pervertiert die weltweite Eigentumsordnung und damit das Recht auf Eigentum.

Hans Küng (z.B. 2010:275) hat in die Menschenrechtsdiskussion immer wieder den Gedanken eingebracht, dass man nicht nur von Menschen*rechten*, sondern auch von Menschen*pflichten* sprechen solle. Küng (2010:275) zählte unter anderem folgende „Menschenpflichten" auf:

- Pflicht, zum Gemeinwohl beizutragen;
- Pflicht, die Auswirkungen des eigenen Handelns auf die Sicherheit und das Wohlergehen anderer zu berücksichtigen;
- Pflicht, die Gleichberechtigung – unter anderem der Geschlechter – zu fördern;
- Pflicht zur Wahrung der Interessen künftiger Generationen;

- Pflicht der Bewahrung des kulturellen und geistigen Erbes der Menschheit;
- Pflicht zum aktiven Mittragen der Ordnungspolitik; sowie
- Pflicht zum Kampf gegen die Korruption.

Diese „Menschenpflichten“ gelten auch für alle Investoren, die verpflichtet werden müssen, bei ihrer Tätigkeit ethische Standards einzuhalten. Wenn sie es nicht tun, müssen sie selbst für den angerichteten Schaden aufzukommen. Ausserdem haben sie das Risiko von Krediten an dubiose oder verbrecherische Darlehensnehmer – egal ob es offizielle staatliche Repräsentanten oder para-staatliche Akteure wie Warlords sind – selbst zu tragen. Eine juristische Überwälzung von solchen Schulden auf Länder oder ihre Bevölkerungen ist inakzeptabel. Das muss weltweit durchgesetzt werden.

3.4 Solidarität als übergreifendes ethisches Prinzip

Wohl alle religiösen Ethiken sind sich einig, dass Solidarität gegenüber den eigenen Glaubensangehörigen Bestandteil einer Heilsordnung sein muss. Bereits deutlich uneinheitlicher ist die Frage der Solidarität mit Nichtgläubigen, also mit Menschen, die nicht der eigenen Glaubensgemeinschaft angehören. Und aus säkularer Sicht – etwa durch Vertreter konservativer oder rechtbürgerlicher Parteien – wird häufig die Meinung vertreten, dass die politischen und sozialen Grundrechte nicht gleichermassen für Ausländerinnen und Ausländer zu gelten haben. Auch stellt sich die Frage, ob individuelle Freiheit über der Solidarität mit anderen Menschen steht. Die einzelnen politischen Strömungen haben da sehr unterschiedliche bis entgegengesetzte Haltungen vertreten (vgl. Jäggi 2018d:33ff.).

Ein nicht aufgeweichter Solidaritätsbegriff[24] legt gemäss Röttgers (2011:43) Gewicht darauf, „die Struktur der Gesamtschuldnerschaft und Gemeinhaftung [zu] behalten, nach der alle gemeinsam die Verpflichtung trifft, für eine Schuldigkeit einzutreten“. Solidarität ist deutlich mehr als eine individuell gedachte Geschwisterlichkeit zwischen einzelnen Menschen: Solidarität meint eine verbindliche kollektive Mitverantwortung für alle, also für die Gesellschaft oder das Kollektiv, und gleichzeitig auch für jeden einzelnen Menschen. Stärker als das Gerechtigkeitsprinzip betont das Solidaritätsprinzip das entsprechende Handeln.

24 Vgl. dazu Jäggi 2018b:95.

Beckmann (2011:68) hat das so formuliert: „Solidarisch handeln [heisst], aus Überzeugung zu helfen, auch wenn man vergleichsweise sicher sein kann, eine derartige Hilfe von Anderen nie in Anspruch nehmen zu müssen. Solidarität stellt zwar eine reziproke *Beziehung* dar, nicht aber eine solche *kompensatorischer* Art: Man kann sicher sein, die Hilfe, die man gibt, im Bedarfsfall auch selber zu erhalten; aber man muss bei seinem solidarischen Handeln nicht erwarten, dass es *in jedem Fall* zu einer Kompensation kommen wird. Solidarität ist insoweit altruistisch". Solidarisches Handeln schielt also gerade *nicht* auf einen nachgelagerten Nutzen in irgendeiner Form für den solidarisch Handelnden – vielmehr geht es um eine Grundhaltung und um eine Handlungsnorm, die per se als positiv gewertet wird.

Es geht heute auch um deutlich mehr als um eine Solidarität innerhalb eines sich als Wir-Gruppe verstehenden Kollektivs – etwa einer sozialen Gruppe, einer Partei oder Nation – die sich gegen die Outgroup abgrenzt[25]. Vielmehr ist in der heutigen Zeit mehr denn je zuvor eine Haltung der Solidarität gefordert, die sich auf die Menschheit oder die Umwelt als Ganzes bezieht im Sinne einer egalitären Beziehung zwischen den einzelnen Gruppen. Pensky (2008:3) spricht in diesem Zusammenhang von symmetrischer Solidarität.

In der aktuellen globalen und interkulturellen Situation stellt sich die zentrale Frage, wie Solidarität zu denken ist. Hubert Busche (2011:79) hat vorgeschlagen, Solidarität „als bewusstes und opferbringendes Einstehen für die Gemeinschaft" zu verstehen, wobei – so meine ich – „Gemeinschaft" auf jeden Fall für die gesamte Menschheit und alles Leben gelten müsste. Jedoch kann Solidarität nicht einfach als möglichst effiziente Zuteilung von Gütern und Dienstleistungen über den Markt[26] verstanden werden, sondern müsste im Sinne von Busche (2011:79) auch „Einbussen an eigenem Vorteil" einschliessen und ebenso einen „Einsatz, der etwas kostet" beinhalten. Verbunden damit ist das Bewusstsein erforderlich, „für eine Gemeinschaft oder ein Ganzes verantwortlich zu sein" (Busche 2011:79), also zum Beispiel für die gesamte Menschheit.

25 Pensky (2008:3) nennt das asymmetrische Solidarität.

26 Vgl. Homann und Lütge 2013:47 sowie Jäggi 2018d:75ff.

3.5 Armut

Rauhut (2015:22) hat vor dem Hintergrund der weltweiten Armutssituation die grundlegende Frage gestellt, wer über massgebliche Gerechtigkeitsnormen entscheiden soll und wer am globalen Gerechtigkeitsdiskurs zu beteiligen ist. Rauhut beantwortete beide Fragen klipp und klar: alle Menschen. Und diejenigen Menschen, die unter absoluter Armut leiden, sollten die erste und entscheidende Stimme in diesem Diskurs haben. Dies, weil von absoluter Armut vor allem Menschen betroffen sind, die nicht in den wirtschaftlich prosperierenden und hochentwickelten Gesellschaften der Nordhemisphäre (und Australiens sowie Neuseelands) leben. Dabei ist zu bedenken, dass „der bisherige menschenrechtsethisch erarbeitete Konsens zum Armutsproblem ... noch keine hinreichenden ethischen Antworten auf die Armutstragöde [liefert]“ (Rauhut 2015:33). Dabei sind besonders auch Verantwortungsfragen zu thematisieren, wobei der Diskussionsschwerpunkt weg von der Schuldfrage – die selbstverständlich auch relevant ist, aber kaum zu Lösungen führen kann – hin zu einer Verantwortungsethik mit konkreten, strukturellen und systembezogenen Lösungsstrategien, die sich nicht einfach in einer freiwilligen und letztlich nicht verpflichtenden Global Governance oder einer unverbindlichen Tugendethik erschöpfen kann. Die alte Frage *cui bono*, also wem die aktuelle Situation nützt, ist erneut und radikal zu stellen.

Es wäre dringend notwendig, von einer ausschliesslich an Defiziten oder am Einkommen gemessenen Armutsdefinition weg zu kommen: Egal ob Armut als absolute Armut im Sinne des Fehlens der allernotwendigen Überlebensressourcen und der existenziellen Bedrohung des Lebens durch Hunger, schwere Krankheit oder minimalste sanitäre Einrichtungen verstanden wird, oder als relative Armut im Sinne eines im Vergleich zur durchschnittlichen Bevölkerung verminderten Zugangs zu Ressourcen, Gütern und Dienstleistungen sowie Bildung[27] – vom Gesichtspunkt der Armut her sind minimale Lebensbedingungen zu definieren, die für alle Menschen garantiert sein müssen. Ich habe schon vor geraumer Zeit vorgeschlagen, Armut als bleibende Defizite in der Lebensqualität zu verstehen, die mindestens sieben Bereiche umfasst. Zu den verschiedenen Bereichen von Lebensqualität gehören unter anderem auch Einkommen, ein minimaler Lebensstandard, Sitten, Traditionen, Ressourcen der eigene Com-

27 Rauhut (2015:32) spricht mit Blick auf relative Armut von einer mangelnden sozialen Vollgültigkeit.

munity und Zugang zu Rechten und Rechtsprechung. In diesem Sinn umfasst Lebensqualität folgende Bereiche und Möglichkeiten:

„1. Einbindung in ein intaktes soziales Netz,
2. gesicherte und gesellschaftlich anerkannte wirtschaftliche Tätigkeit in Form von Arbeit, die sowohl materielles Einkommen als auch Lebenssinn und Tagesstruktur generiert,
3. Entsprechung individueller Bedürfnisse und äusserer Wirklichkeit,
4. Verwurzelung in einer sozio-kulturellen Tradition und Zugang zu einer tragfähigen Weltanschauung und damit verbundenen Wertvorstellungen,
5. Einbettung in eine intakte natürliche Umwelt,
6. Zugang zu religiösen und spirituellen Erfahrungen, sowie
7. Zugang zu Bildungsangeboten. …

Bei länger dauernden und vertieften Defiziten in einem oder mehreren dieser Bereiche fehlen wichtige Elemente der Lebensqualität, was schliesslich zu Situationen relativer Armut führt“ (Jäggi 2018d:147).

Ein wichtiger Bestandteil von Lebensqualität sind auch garantierte Menschenrechte und Ernährungssicherheit.

Heute ist nach Ansicht von Buschmann (2013:71) das Bedürfnis, nicht arm zu sein, als grundlegendes Bedürfnis im Rahmen der Menschenrechte und als Bestandteil sozialer Grundsicherung anerkannt. Auch wenn umstritten ist, ob sich von diesem Bedürfnis ein Menschenrecht oder gar ein Grundrecht auf „Nicht-Arm-Sein-Müssen“ ableiten lässt – auf jeden Fall besteht ein überaus breiter Konsens darin, dass Staat und Gesellschaft die Aufgabe haben, Armut zu bekämpfen (vgl. Jäggi 2018d:153).

Nicht unwesentlich, wenn auch nicht ausschlaggebend für die Lösung der globalen Armutsfrage ist, ob Armut Ausdruck von bestehenden *örtlichen Faktoren* wie klimatische Gegebenheiten, Unfruchtbarkeit des Bodens, Wasserknappheit, Mangel an effektiven Governance-Strukturen, Korruption, neo-patriarchaler Klientelstrukturen oder „kulturbedingte Mentalitätsdefizite“ (Rauhut 2015:35) ist oder als Folge von *importierten Faktoren* wie nachhaltige Schädigungen in der Kolonialzeit, ungerechtes Weltwirtschafts- und Welthandelssystem, Abfluss von Ressourcen und Kapital entstanden ist. Vielleicht ist Armut auch eine Kombination von beidem – wie Bevölkerungsexplosion, ökologische Degradation, Kriege und Bürgerkriege, Migration und *brain drain*. Höchstwahrscheinlich spielen alle diese Faktoren zusammen. Wie Rauhut (2015:41) zu Recht betont, ist die Armutspersistenz eine

Folge fehlender – oder genauer falscher – Parameter für die Weltwirtschaft und einer fehlenden Rahmenordnung: „So kann es … geschehen, dass durch eine singuläre Ressourcennutzungsübereinkunft eines diktatorischen Regimes mit einem transnationalen Unternehmen die Machtmittel ganzer Bevölkerungsgruppen, die für einen demokratischen Wandel eintreten, minimiert werden" (Rauhut 2015:42).

Ursachenforschung und Schuldzuweisungen sind das eine – entscheidend ist jedoch, ob die Bereitschaft für den Aufbau einer neuen und gerechten Weltwirtschaftsordnung überhaupt besteht, und das ist leider bis heute nicht so ganz klar. Sowohl säkulare Moralphilosophien als auch religiöse Ethiken sind sich jedoch darin einig, dass einerseits Armut inakzeptabel ist und anderseits Gesellschaft und Staat aufgefordert sind, wirksame Massnahmen zur Bekämpfung und Verhinderung von Armut zu ergreifen.

3.6 Reichtum und Besitz

Sowohl in den meisten säkularen Ethiken als auch im Judentum, im Christentum und im Islam werden Reichtum und Besitz grundsätzlich positiv gesehen – allerdings nicht ohne Einschränkungen.

Man könnte jedoch aus der Sicht der christlichen Theologie einwenden, dass das Neue Testament auch reichtumskritische Stellen enthalte, zum Beispiel Mk 10,17ff.: Dort fragt ein Mann Jesus, wie er zum ewigen Leben kommen könne: „[21] Da sah ihn Jesus an, und weil er ihn liebte, sagte er: Eines fehlt dir noch: Geh, verkaufe, was du hast, gib das Geld den Armen, und du wirst einen bleibenden Schatz im Himmel haben; dann komm und folge mir nach! [22] Der Mann aber war betrübt, als er das hörte, und ging traurig weg; denn er hatte ein großes Vermögen. [23] Da sah Jesus seine Jünger an und sagte zu ihnen: Wie schwer ist es für Menschen, die viel besitzen, in das Reich Gottes zu kommen! [24] Die Jünger waren über seine Worte bestürzt. Jesus aber sagte noch einmal zu ihnen: Meine Kinder, wie schwer ist es, in das Reich Gottes zu kommen! [25] Eher geht ein Kamel durch ein Nadelöhr, als daß ein Reicher in das Reich Gottes gelangt. [26] Sie aber erschraken noch mehr und sagten zueinander: Wer kann dann noch gerettet werden? [27] Jesus sah sie an und sagte: Für Menschen ist das unmöglich, aber nicht für Gott; denn für Gott ist alles möglich" (Mk 10,21ff.; Einheitsübersetzung; vgl. auch Lk 18,18ff.).

Diese Stelle ist wohl weniger als eine grundsätzliche Kritik an Reichtum und Besitz, sondern sie weist darauf hin, dass die Verhaftung an Reichtum und Besitz häufig ein Hindernis für eine Hinwendung zu Gott und für ein geistiges Lebens sein kann. Gesagt wird *nicht*, dass ein Reicher nicht gerettet werden kann, aber der Reichtum kann ein objektives Hindernis für die Rettung oder einen Gegensatz zu Gott darstellen. Und gerade in der heutigen materiellen Lebensweise erscheint dieses Problem offensichtlich. Wichtig ist die *Bereitschaft*, die Hinwendung zu Gott und die Nachfolge Jesus über die Gier nach Reichtum, über die Angst vor dessen Verlust oder die Suche von (materieller) Sicherheit zu stellen. So sagt Jesus in Mk 10,29ff.: „[29] … Amen, ich sage euch: Jeder, der um meinetwillen und um des Evangeliums willen Haus oder Brüder, Schwestern, Mutter, Vater, Kinder oder Äcker verlassen hat, [30] wird das Hundertfache dafür empfangen: Jetzt in dieser Zeit wird er Häuser, Brüder, Schwestern, Mütter, Kinder und Äcker erhalten, wenn auch unter Verfolgungen, und in der kommenden Welt das ewige Leben. [31] Viele aber, die jetzt die Ersten sind, werden dann die Letzten sein, und die Letzten werden die Ersten sein“ (Einheitsübersetzung).

3.7 Geld

Otfried Höffe (2009:62) hat mit Blick auf Simmels Konzept von der „prinzipiellen Gültigkeit“ des Wertes von Geld (Simmel 1989:238) darauf hingewiesen, dass Geld weder ein Mittel für alles und schon gar nicht Selbst- oder Endzweck sein kann. So komme Liebe durchaus ohne Geld aus, und Partnerschaft – mit oder ohne Kinder – benötige Geld nur als Mittel nach aussen: „Entscheidend ist das Geld trotzdem nicht. Die für eine Partnerschaft wesentlichen Dinge wie Vertrauen, Offenheit und Treue lassen sich nicht bezahlen, und ihre Verletzung kann man nicht mit Geld aufwiegen. Dort, wo es im menschlichen Leben, zumindest dem guten Leben, wesentlich wird, etwa bei Liebe und Freundschaft, bei Treue und Vertrauen, geht es daher dem Reichen nicht grundsätzlich besser als dem Armen“ (Höffe 2009:62f.).

Als zentrale Frage hat Duchrow (2013:227) dabei die Frage nach der Rolle und der Funktion des Geldes formuliert: „Wie kann Geld so organisiert werden, dass es seine nützlichen Funktionen erfüllen kann, ohne durch persönliche und strukturelle Gier in zerstörerische Prozesse zu führen und schliesslich zur ‚finanziellen Massenvernichtungswaffe‘ zu werden? Der Kernpunkt ist: *Geld muss von einer Ware, mit der man mehr Geld produziert, zu einem Instrument für bedarfsbezogenes, reales Wirtschaften werden. Es ist ein Gemeingut und muss deshalb öffentlich geschaffen und demokratisch reguliert werden*“.

Radermacher (2002:166ff.) ist zweifellos zuzustimmen – und ich habe selber die gleiche Position vertreten (vgl. Jäggi 2016d:29 und 101) – dass ein grundsätzliches Zinsverbot die aktuellen Probleme nicht lösen kann. Die Abschaffung des Zinses würde „eine Blockade des technischen Fortschritts" und wirtschaftlicher Innovation bedeuten, weil dann jegliche Motivation für Kapitaleigner entfällt, in Unternehmen zu investieren. Umgekehrt sollte aber der Zins nach oben beschränkt werden. Damit wird hochspekulativen Anlagen ein Riegel geschoben, welche die private und staatliche Verschuldung massiv erhöhen und die schrankenlose Ausbeutung von Mensch und Umwelt im grossen Massstab erst möglich machen. Aus dieser Sicht macht eine „weiche" Anwendung des biblischen und koranischen Zinsverbotes Sinn – und verhindert auch all die üblichen Umgehungsgeschäfte (vgl. dazu Jäggi 2021c:54ff. und 90ff.).

Säkulare wie religiöse Quellen haben immer wieder die Problematik von Kapitalzinsen thematisiert, so etwa die Freiwirtschaftler, die Hebräische Bibel oder der Koran.

Interessant ist in diesem Zusammenhang auch die Unterscheidung des evangelisch-reformierten Theologen Emil Brunner (1943:187f.), der strikt zwischen Kapitalismus und Unternehmertum unterschied: „Wenn die meisten Kapitalisten ausserdem, dass sie Kapitalisten sind, auch noch Unternehmer sind, die für ihre Geschäft arbeiten und sich einsetzen, so hat das mit dem Kapitalzins als solchem nichts zu tun. Nicht jeder Kapitalist ist ein Unternehmer und nicht jeder Unternehmer ein Kapitalist. Der Kapitalist ist der, der anderen Geld gibt für eine Arbeit, die er nicht selbst tut, aus deren Resultat er aber seinen Kapitalzins bekommt. Der Kapitalzins hat zunächst mit dem Unternehmereinkommen als solchem nichts zu tun. Nur der erste, nicht das zweite ist arbeitsloses Einkommen". Brunner (1943:188) folgert weiter, dass Kapitaleinkommen arbeits- oder leistungsloses Einkommen und damit ethisch problematisch sei. Allerdings müsste zuerst geklärt werden, was „leistungsfreies Einkommen" bedeutet. Sind Wohnungsmieten „leistungsfreies Einkommen" – wie verschiedentlich behauptet wird? Immerhin wurde oder wird erhebliches Vermögen investiert, um Wohnraum zu schaffen, Vermögen, das oft über Jahre angespart wurde, in eine Liegenschaft investiert und dann anderweitig nicht mehr verfügbar ist (Opportunitätskosten). Sind Aktiendividenden „leistungsfreies Einkommen"? Doch ohne fremde Kapitalgeber wären viele Unternehmen gar nicht handlungsfähig. Sind Kreditzinse „leistungsfreies Einkommen"? Ohne Kredite würde unsere kreditbasierte Wirtschaft umgehend zusammenbrechen. Zweifellos kann man geteilter Meinung darüber sein, ob eine Kreditwirtschaft im heutigen Ausmass volkswirtschaftliche sinnvoll ist – es gibt eine ganze Reihe von Hinweisen, dass dem nicht so ist. Doch im Grunde sind nicht das Kreditwesen oder der Kapitalzins das Problem, sondern die äusserst ungleiche Verteilung von Reichtum und Armut und verbunden damit die Art der Gewinnerzielung, die häufig auf

Kosten der Umwelt oder anderer Menschen erfolgt. Ein einfaches Mittel dagegen wäre, ab einer bestimmten Höhe des Vermögens – etwa ab 5 Millionen Euro pro Person – die Besitzer zu verpflichten, darüber hinaus gehende Vermögensbestandteile umzuverteilen, also an Kinder, Verwandte, Freunde oder andere Personen weiterzugeben – oder wer lieber will, an staatliche Fonds abzuführen. Bei – sagen wir – 2% Zins lässt sich vom Vermögensertrag von 5 Millionen Euro problemlos leben, alles, was darüber hinausgeht, ist Ausdruck von Besitzgier, Habsucht und Wunsch nach ökonomischer oder politischer Macht[28].

3.8 Arbeit

Die internationale Arbeitsorganisation ILO hat in ihrem jahrelangen Engagement für menschenwürdige Arbeit *(„decent work")* eine Reihe von Minimalstandards entwickelt, etwa für informelle Arbeit (vgl. ILO 2002 und 2008). Die ILO betont die „Grundlegenden Prinzipien und Rechte bei der Arbeit" (ILO 1998). Dazu gehören unter anderem „a) die Vereinigungsfreiheit und die effektive Anerkennung des Rechts zu Kollektivverhandlungen; b) die Beseitigung aller Formen von Zwangs- oder Pflichtarbeit; c) die effektive Abschaffung der Kinderarbeit; d) die Beseitigung der Diskriminierung in Beschäftigung und Beruf" (ILO 1998; Art 2). Grundlegend sind dabei Werte wie Menschenwürde, Achtung vor dem Nächsten, Verantwortung für Solidarität und Gerechtigkeit.

Segbers (2015:186) hat darauf hingewiesen, dass

1. alle religiösen Traditionen Arbeit positiv bewerten, entweder als göttlicher Auftrag oder als ethische Verpflichtung zur Arbeit,
2. Arbeit als grundlegender Ausdruck innerer menschlicher Würde zu verstehen ist, die sowohl spirituelle als auch materielle Dimensionen aufweist,
3. Arbeit nicht nur eine persönliche Dimension (Selbstverwirklichung) aufweist, sondern auch eine soziale Dimension als Bindeglied zwischen dem Einzelnen und der Gesellschaft besitzt,

28 Ich habe diesen Vorschlag an anderer Stelle ausführlich diskutiert, vgl. dazu Jäggi 2018d:126: „Die Antwort auf die äusserst ungleiche Verteilung von Reichtum und Besitz liegt nicht in der Abschaffung von Besitz überhaupt, sondern in der Einrichtung von Mechanismen, welche ab einem bestimmten Vermögen die eigenverantwortliche und selbstgesteuerte Umverteilung eines Teils davon sicherstellen" (vgl. auch Jäggi 2016d:102). In Ergänzung dazu müssten die Zinsen nach oben begrenzt werden (vgl. Jäggi 2016d:100f. sowie 2018d:126).

4. Arbeit jenseits der sozialen Aspekte auch eine religiöse und spirituelle Dimension mit Ausrichtung auf Transzendenz impliziert und
5. religiöse, spirituelle und humanistische Traditionen und Denkströmungen die ethische Dimension von Arbeit betonen.

Vor allem anderen ist Arbeit immer auch Care-Tätigkeit. Gleichzeitig ist die Care-Arbeit im engeren Sinn sehr ungleich verteilt zwischen Frauen, Männern und Kindern, zwischen formellen und informellen Bereichen[29], innerhalb und zwischen den verschiedenen Gesellschaften und Bevölkerungsgruppen.

Häufig vergessen wird bei der Care-Arbeit die Tatsache, dass unter denjenigen, die Betreuungs- und Care-Arbeit leisten, auch viele Jugendliche sind, die kranke oder beeinträchtigte Angehörige pflegen. Eine Studie in der Schweiz ergab, dass fast acht Prozent der Kinder und Jugendlichen im Alter von 10 bis 15 Jahren zeitweise eine nahestehende Person betreuen (vgl. Bangerter 2019). Für viele der betreffenden Kinder und Jugendlichen ist dies sehr belastend. Die Untersuchung von Jugendlichen in solchen Situationen – so genannten „*Young Carers*" – ergab, dass viele Jugendliche in entsprechenden Situationen überfordert sind und unter körperlichen oder psychischen Beeinträchtigungen leiden (vgl. Bangerter 2019):

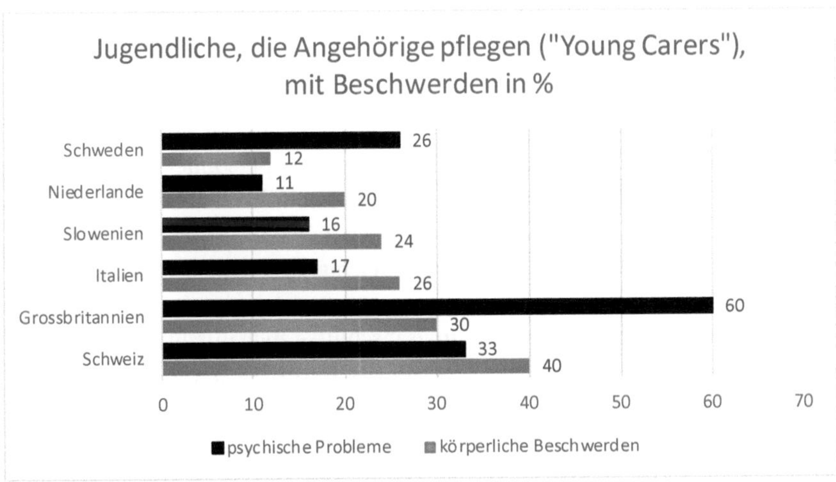

Quelle: Bangerter 2019; eigene Darstellung.

29 Laut Houtart (2012:40, Fussnote 6) haben weltweit rund 70% der Arbeitsverhältnisse informellen Charakter.

In ihrer an der Universität Luzern eingereichten Masterarbeit berechnete Monica Ruoss die so genannten Opportunitätskosten für Privatpflegende von Angehörigen, also die Kosten, welche entstehen, dass in der Zeit der Pflege keine Erwerbsarbeit gemacht werden kann. Die Autorin kam im Fall der Pflege eines Familienangehörigen nach einer Rückenmarkverletzung auf einen Betrag von monatlich rund 2500 Franken oder über 30'000 Franken im Jahr (vgl. Mühlemann 2020:30). Die Leistungen von privater Pflege und Betreuung in der Familie werden meist unterschätzt, aber nur selten monetarisiert – und häufig gelangen die Pflegenden gar nicht ins Blickfeld der Aufmerksamkeit. Eine stärkere Ausrichtung von Wirtschaft und Arbeit auf den Care-Bereich sollte das unbedingt ändern.

3.9 Bildung

Bildung ist mehr als eine Investition in das Humankapital und damit ein Produktionsfaktor für die Wirtschaft. Bildung ist auch ein wichtiger Faktor, welcher den Menschen nicht nur das persönliche Überleben, sondern ein besseres Leben und Zugang zu allen gesellschaftlichen und wirtschaftlichen Ressourcen und Angebote ermöglicht.

Dabei ist Bildung nicht einfach = Bildung. Abgesehen von den vermittelten Qualifikationen für die Arbeit und damit Voraussetzung für das Einkommen leistet Bildung auch einen wichtigen Beitrag an die „persönliche Weiterentwicklung“ (Bildung als „Persönlichkeitsbildung“). Ausserdem sind Bildungsangebote wie viele anderen Dienstleistungen auch eine Waren, die gekauft werden können – und insbesondere auch zu einem bestimmten persönlichen Status (z.B. als Akademiker, als diplomierte Berufsperson usw.) führen. Das bedeutet, dass Bildung auch monetarisiert wird und bezahlt werden muss – entweder durch die Allgemeinheit und den Staat oder durch diejenigen, welche Bildungsangebote konsumieren.

Dass Bildung und besonders Bildungsabschlüsse auch missbraucht oder unredlich erworben werden können, liegt in der Natur der Sache. Insbesondere wenn für eine konkrete Tätigkeit oder für eine lukrative Arbeit ein bestimmter Ausbildungsabschluss verlangt wird, entsteht schnell auch ein Markt, der diese Nachfrage nach Abschlüssen und Diplomen zu befriedigen versucht. Das geltende und teilweise ungeschriebene Gesetz, wonach Bildungsgänge nur persönlich und vollständig durchlaufen und abgeschossen werden können, wird dabei zumindest partiell immer wieder unterlaufen.

Wieviel ist eine gekaufte Examensarbeit wert?

„Die *Oxbridge Research Group* ist eine britische Organisation, die Studierenden zahlreiche Dienstleistungen anbietet, um damit – so die Angaben auf der eigenen Homepage – die Mängel des Universitätssystems zu kompensieren und insbesondere Studierenden zu helfen, deren Muttersprache nicht Englisch ist. Zu diesem Zweck hat die Organisation etwa 2000 Akademiker unter Vertrag genommen. Das Angebot enthält auch die Ausarbeitung vollständiger Essays, Master-Arbeiten und Dissertationen. Sie sind nach Angaben von *Oxbridge* vollkommen ‚plagiatfrei'; jeder Auftraggeber kann also davon ausgehen, dass er ein ‚Original' bekommt, das speziell für ihn ausgearbeitet worden ist. Die Preise richten sich nach dem Umfang und dem akademischen Niveau der Arbeiten. Eine Dissertation im Umfang von 50'000 Worten, die innerhalb eines Monats geliefert wird, kostet beispielsweise 7'500 Pfund. Soll sie innerhalb von vier Tagen geliefert werden, erhöht sich der Preis auf 17'000 Pfund. *Oxbridge* betont, dass ihre Tätigkeit völlig legal ist. Ein Auftraggeber muss eine Erklärung abgeben, dass er die gelieferte Arbeit nicht als seine eigene bei einer Universität einreichen wird. Doch ob er sich an diese Verpflichtung hält, kann nicht nachgeprüft werden. *Oxbridge* behandelt die Vertragsbeziehungen streng vertraulich: ‚We never share details of your order with your university. We do not pass details of your identity to any third party – not even our writers, unless you specifically allow for it' heisst es auf der Homepage der Organisation" (zitiert nach Sautter 2017:270).

Sautter (2017:270) vermerkt dazu: „Wer es mit seiner Ehrlichkeit nicht so genau nimmt, kann eine gekaufte Examensarbeit als seine eigene wissenschaftliche Leistung ausgeben". Daraus folgert Sautter, dass der reale – nicht vorgetäuschte – Wert einer gekauften Examensarbeit gleich null sei. Das mag ja grundsätzlich stimmen – nur: Der ökonomische Wert ist sehr viel höher, im Extremfall sogar ebenso hoch wie eine selbst eingereichte und angenommene Arbeit: Wenn die gekaufte Examensarbeit es dem Käufer ermöglicht, eine Tätigkeit auszuüben, die er ohne entsprechenden formellen Ausweis nicht ausüben könnte, und er damit Geld verdient, lohnt sich das wirtschaftlich gesehen. Andernfalls gäbe es wohl gar keine Nachfrage für gekaufte Arbeiten.

Daraus sind zwei Dinge ersichtlich: Erstens ist der reale oder ideelle Wert keinesfalls identisch mit dem ökonomischen oder ökonomisch verwertbaren Wert eines Gegenstands oder einer Dienstleistung, und zweitens hängen Bildung und der eigentliche Wert von Bildungsabschlüssen wesentlich von der persönlichen

Integrität der Bildungsabsolventen ab. Deshalb sind gerade auch im Bildungsbereich charakterliche Eigenschaften oder eben „Tugendethiken" entscheidend.

Das Beispiel zeigt noch etwas: Der Markt funktioniert nicht nach ethisch-moralischen Kategorien, diese können nur von ausserhalb des Marktes festgelegt und durchgesetzt werden. Das gilt besonders auch im Bildungsbereich.

3.10 Markt

Zweifellos ist der Markt bis heute der wohl geeignetste Ort und die flexibelste Möglichkeit, Produzenten und Konsumenten, also Anbietern und Nachfragern von Gütern, einen freien Austausch von Gütern zu ermöglichen. Das bedeutet aber nicht, dass der Markt immer, überall und in jeder Beziehung spielen kann und soll. Sehr zu Recht hat Felber (2010:14) die Tatsache hervorgehoben, dass der Markt fast nie egalitär funktioniert, also Anbietern und Nachfragern von Gütern oder Dienstleistungen gleiche Möglichkeiten oder gleich lange Spiesse garantiert. Die Definitionsmacht und damit auch die Handlungsmacht ist fast immer ungleich verteilt: So kann ein Arbeitgeber meist leichter auf ein Anstellungsverhältnis verzichten als ein Arbeitnehmer, ein Kreditgeber ist in der Regel weniger abhängig von einem Kredit als ein Kreditnehmer, ein Immobilienbesitzer ist häufig weniger stark auf einen Mietvertrag angewiesen als ein Mieter, ein Weltkonzern ist in der Regel weniger von einem Zulieferer abhängig als der Zulieferer von seinem Hauptabnehmer. In all diesen Fällen werden die Bedingungen mehrheitlich von der stärkeren Partei festgelegt, also von derjenigen Seite, die weniger vom Abschluss eines Vertrags abhängig ist. Ökonomen sprechen in solchen Situationen häufig von einem „ungleichen Tausch". Aus diesem Grund ist fast kein Land darum herumgekommen, dem Markt gewisse Regeln und Bedingungen zu auferlegen. Der grosse Streit geht jedoch darum, wie weit diese Regeln und Vorgaben der Gesellschaft für die Märkte gehen sollen oder dürfen.

Sandel (2015:21ff.) hat auf das Problem hingewiesen, dass durch die zunehmende Monetarisierung von Dienstleistungen immer mehr Bedürfnisse über den Markt befriedigt werden. Als Folge davon würden moralische und staatsbürgerliche Praktiken und Pflichten immer mehr zersetzt. Mehr und mehr werden menschliche Beziehungen in Markttransaktionen verwandelt, was zu einem zunehmenden Verfall ethisch-moralischer Normen und Standards führe. Dabei seien die Argumente für und gegen die Anwendung von Marktmechanismen gegeneinander abzuwägen (vgl. Sandel 2015:23). Als Beispiel bringt Sandel (2015:24ff.) die Firma *LineStanding.com*: Diese US-Firma bezeichnet sich als

„führend in der Branche des Anstehens im Kongress", wobei pro Stunde 50 Dollar für das Anstehen in der Schlange vor dem US-Kongress oder dem Obersten Gericht verlangt wird. Wenn der Kongress eine wichtige politisches Frage oder das Gericht einen bedeutenden Verfassungsfall mündlich behandle, ist die Nachfrage nach Plätzen deutlich höher als das Angebot. Wer zu bezahlen bereit sei, dem verschaffe *LineStanding.com* einen Sitzplatz. Im Juli 2012 musste für eine Verhandlung von Obamas Krankenversicherungsgesetz drei Tage im Voraus angestanden werden, im Juni 2013 für eine Verhandlung zur gleichgeschlechtlichen Ehe sogar fünf Tage, was den Preis für einen Platz im Gerichtssaal auf 6000 Dollar hochtrieb (vgl. Sandel 2015:24). Die Frage ist nun, ob es gerecht sei, für begrenzte Zugangsplätze Geld zu bezahlen. Ein ähnliches Problem stellt sich bei der Frage, ob Menschen ihre Organe für Transplantationen verkaufen dürfen. Früher wurde auch darüber gestritten, ob man Menschen verkaufen dürfe (Sklaverei) oder nicht. All diese Beispiele zeigen, dass letztlich nicht der Markt entscheiden kann, welche menschlichen Lebensbereiche dem Markt zu unterstellen sind und welche nicht. Dazu braucht es aussermarktliche Regelungen – und die können nur im Rahmen eines öffentlichen Diskurses festgelegt werden, etwa im Parlament, über eine öffentliche Abstimmung oder sonst wie.

Dazu kommt noch ein weiteres Problem: Nach Sandel (2015:29) gehen Ökonomen davon aus, dass Märkte die von ihnen ausgetauschten und verteilten Güter unversehrt lassen. Doch nach Meinung von Sandel ist dies nicht wahr, zumindest nicht in jedem Fall: „Märkte beeinflussen gesellschaftliche Normen. Häufig zerfressen oder verdrängen Marktanreize andere, marktfremde Normen" (Sandel 2015:29). So geht oft freiwilliges solidarisches Handeln – etwa im Rahmen der Nachbarschaftshilfe, in der privaten Pflege, in der Familienarbeit, in der der Care-Arbeit usw. – verloren, wenn bezahlte Angebote bezogen werden können. Das kann zwar auch positive Effekte haben – z.B. grössere Professionalisierung –, aber es zerstört auch langfristig gewachsene sozio-kulturelle Normen.

Umgekehrt könnte ein Ökonom argumentieren – wie das Lawrence H. Summers, ehemaliger Präsident der Harvard University (vgl. Sandel 2015:47) tat –, dass der Altruismus ein beschränktes Gut sei, und dass jeder Mensch nur in einem bestimmten, begrenzten Mass altruistisch handeln könne. Er sagte einmal dazu: „Ökonomen wie ich halten Altruismus für ein wertvolles und knappes Gut, das geschont werden muss. Es ist bei weitem besser, es durch ein System zu schonen, in dem die Wünsche der Menschen von selbstsüchtigen Individuen befriedigt werden, während wir diesen Altruismus für unsere Familien, Freunde und die vielen sozialen Probleme der Welt aufsparen, die die Märkte nicht lösen können" (zitiert nach Sandel 2015:48). Darauf sind vier Dinge zu entgegnen:

Erstens ist Altruismus – im Gegensatz zu anderen Gütern – nicht mengenmässig begrenzt, vielmehr kann Altruismus auch gesteigert werden, etwa durch entsprechende gesellschaftliche Normen und entsprechende Sozialisierung – anders gesagt: Altruismus kann gelernt werden. Zweitens ist kaum zu vermeiden, dass in einem ausschliesslich auf persönlichen Nutzen und individuelle Bedürfnisbefriedigung aufgebauten Wirtschaftssystem, wie etwa der Marktwirtschaft, der Altruismus zu einem knappen Gut wird – ja werden muss, weil Altruismus marktsystemisch weder erwünscht noch positiv bewertet wird. Damit erhält Altruismus eine marginale Residualfunktion in einem System, das wesentlich und primär auf der Befriedigung von egoistischen Bedürfnissen aufgebaut ist, seien diese noch so exklusiv, schädlich für das Gemeinwohl und letztlich irrational. Wohl auch deshalb war – und ist es bis heute – in allen weltanschaulichen Systemen so, dass die Spielregeln des Marktes durch aussermarktliche Normen ergänzt oder eingeschränkt wurden. Das war etwa bei der Sklaverei der Fall, die als Institution und Arbeitskräftemarkt weder im klassischen Judentum, noch im Frühchristentum oder im ursprünglichen Islam grundsätzlich abgelehnt wurde. Vielmehr gab es eine Vielzahl von Normen und Regeln, welche den Umgang mit den Sklaven umschrieben. So gab es Einschränkungen wie die periodische Freilassung jüdischer Sklaven im Judentum und das Sklavenrecht in Dtn 15,12ff., die mindestens geistig-soziale Gleichsetzung von Freien und Sklaven im Christentum (z.B. Gal 3,28) oder die empfohlene Freilassung von Sklaven (z.B. Q 2,177 und 90,13) und die Freilassung oder der Loskauf von Sklaven als Sühne im Islam bei Übertretung des Gesetzes (Q 5,89 und 58,3). Erst als die Sklaverei als Markt für Arbeitskräfte abgeschafft wurde, erübrigten sich diese Regelungen. Drittens ist es wenig sinnvoll, das „knappe Gut Altruismus“ so zu kanalisieren, dass es dem eigenen, nahen sozialen Umwelt zugutekommt, also den eigenen Angehörigen, der eigenen Familie usw. Ein solcher Altruismus ist nur eine Art erweiterter Egoismus. Und viertens ist die Absicht, die Wünsche von Menschen mit selbstsüchtigen Zielen zu befriedigen, um den Altruismus zu schützen, etwa so, als würde man kriegslüsternen Politikern erlauben, Krieg miteinander zu führen, damit die übrigen in Frieden leben können – ein wahrhaft absurde Argumentation!

3.11 Circular Economy

Sowohl aus Sicht einer gerechten Gesellschaft als auch aus der Perspektive einer ökologischen und nachhaltigen Wirtschaft ist eine zirkuläre Wirtschaft, eine *„Circular Economy“* unumgänglich. Entstanden vor ungefähr 20 Jahren (vgl.

Webster 2019:3) verlangt dieses Wirtschaftsverständnis, dass jeder Output und jedes Outcome[30] von Produktionsprozessen erneut in einen Produktionskreislauf eingebaut wird, sei es als „verbrauchtes Produkt", als übrig gebliebenes Teilprodukt oder als verbleibender Rohstoff.

Während die klassische Produktion in Form eines linearen Prozesses geschieht – als Gewinnung von Primärrohstoffen, Verarbeitung zum Produkt, Verwendung oder Verbrauch des Produkts und Entsorgung der Abfälle – verlangt die *„Circular Economy"* eine systemumfassende, also über das einzelne Unternehmen hinausgehende Kreislaufwirtschaft, in welcher die Rohstoffe, alle Bestandteile und die Abfallprodukte wie in der Natur in Endlosprozessen zirkulieren. Dabei besteht das Grundkonzept einer Kreislaufwirtschaft darin, dass nichts verloren geht (vgl. Känzig 2019:36)[31]. Die einzelnen Stoffkreisläufe finden in der Regel über unterschiedliche Unternehmen statt, so wird ein Abfallprodukt des einen Unternehmens zum Rohstoff eines anderen Unternehmens usw.

Dieses „Zero-Emission-Konzept" basiert darauf, dass alles, was die Erde produziert, besser genutzt wird – und zwar im Idealfall zu 100%. In einem Wirtschaftssystem, in welchem alles und jedes zu 95 oder 100% genutzt würde, könnten schätzungsweise bis 20-mal so viele Bedürfnisse befriedigt werden wie heute (vgl. Pauli 2010:25). Nach Ansicht von Pauli (2010:26) beginnt in dem Moment, wenn sich ein Unternehmen für die Methode der Zero-Emissions, also Null-Verschwendung, entscheidet, ein Prozess des „Upsizing"[32]. Bereits in den ersten Jahren nach 1994, als an der Universität der Vereinten Nationen in Tokio das „Zero Emission Research Institute" gegründet worden war, bemühten sich rund 2800 japanische Firmen, den Zero-Emission-Standard zu erreichen. Die Grundidee besteht darin, dass jeglicher Abfall und jeder Ausschuss, den ein Unternehmen produziert, Eingang in einen anderen Prozess der Generierung von Produkten oder Dienstleistungen findet – bisher vernachlässigtes Outcome wird damit zum Input für andere Produktionsprozesse. Das gilt sowohl für feste Stoffe als auch für Flüssigkeiten und für gasförmige Emissionen. So kann etwa das von landwirtschaftlichen Betrieben produzierte Biogas für die Energiegewinnung genutzt werden.

30 Output ist das angepeilte Ergebnis eines Produktionsprozesses, der durch einen Input zu Beginn des Prozesses initiiert wird. Outcome(s) sind mehr oder weniger unbeabsichtigte Ergebnisse, die ebenfalls die Folge von Produktionsprozessen sind.

31 Zur *„Circular Economy"* vgl. auch Jäggi 2021e, das Kapitel „5.2 Abfall".

32 = Aufstockung.

Dabei können um Unternehmen herum, welche nach dem Zero-Emission-Konzept funktionieren, viele weitere Arbeitsplätze geschaffen werden. Eine Kurzstudie ergab, dass allein um die Palmölproduktion herum zehn Industriezweige entstehen könnten, welche Abfall- und Nebenprodukte verarbeiten (vgl. Pauli 2010:33). So fallen in der Palmölproduktion pro Hektar rund 25 bis 40 Tonnen Abfälle an, was bei weltweit fünf Millionen Hektar Palmölpflanzungen rund 200 Millionen Tonnen Biomasse ergibt (vgl. Pauli 2010:34). Aus diesen Abfällen können Proteine, Vitamine – etwa das wertvolle Vitamin E – Antioxidantien und Beta-Carotine extrahiert werden. So zahlen Amerikaner und Europäer für eine Tonne Antioxidantien 65'000 US-Dollar, während vor der Extraktion des Palmöls das Holz bei hohen Temperaturen getrocknet und damit Vitamine und Antioxidantien zerstört werden. Laut Pauli (2010:33) stammt dieses Verfahren aus der Zeit, als Kokosfleisch getrocknet und als Kopra zur Weiterverarbeitung nach Europa verschifft wurde. Obwohl seit rund fünfzig Jahren keine Nüsse mehr zur Ölextraktion nach Europa gebracht werden blieb das veraltete Verarbeitungsverfahren als Bestandteil des Produktionsprozesses bis heute bestehen.

Ein anderes Beispiel ist die Sisalpflanze. Ihre Fasern gehören zu den strapazierfähigsten Fasern, welche die Natur produziert. Sie wurden etwa für Fischernetze benutzt. Inzwischen ist der Preis für Sisal auf rund 200 Euro pro Tonne gefallen – aber das immer noch zu teuer gegenüber Konkurrenzprodukten[33]. Der Verkaufspreis deckt kaum die Herstellungskosen. Dabei nutzen die Produzenten nur gerade 2% der Biomasse, die restliche 98% werden als Abfall weggeworfen. Dagegen werden die synthetischen Fasern als ein Nebenprodukt aus Erdöl hergestellt, dessen Nebenprodukte auch für viele andere Erzeugnisse benutzt werden (vgl. Pauli 2010:34).

Im Unterschied zu den klassischen Ansätzen der sauberen Produktion und des Recyclings geht es dem Zero Emissions-Ansatz nicht nur um die Umwelt, sondern um den Umbau der wirtschaftlichen Produktion. Pauli hat diese Ansätze einander gegenübergestellt:

33 Diese Konkurrenzprodukte sind meist Kunstfasern. Allerdings sollte man nicht den Fehler begehen, prinzipiell Naturprodukte synthetischen Produkten vorzuziehen – entscheidend ist die jeweilige Ökobilanz. Dazu gehören die Möglichkeiten der Verwertung der Neben- und Abfallprodukte und auch ihre Giftigkeit, also auch der Aufwand, der für deren Recycling oder Wiederverwendung betrieben werden muss: alles in allem auch eine ökonomische Frage.

Saubere Produktion und die drei Rs (reduce, re-use, recycle)	Zero Emission[34] oder höchste Produktivität
Ein erster Schritt	Endziel
Auswirkungen der Nachschaltung verringern	Neue Industrie vorschalten
Abfall minimieren	Input für neue Wertschöpfung
Kosten senken	Mehr Einkommen erzielen + Arbeitsplätze schaffen
Kernprozess	Vernetztes Cluster von Industrien
Ausrichtung auf Abfall, Energie, Wasser	Verschmelzung der Agenden, neue Tätigkeitsfelder
Ausrichtung auf die Produktion hier und jetzt	Ausrichtung auf generische Bedürfnisse
Input-Output-zentrierter Prozess	Output-Input-Zentrierter Prozess
linear	zirkulär

Quelle: Pauli 2010:140, leicht modifiziert durch CJ.

Einige Länder, so etwa China, die Niederlande und Finnland, haben das strategische Konzept der zirkulären Ökonomie ausdrücklich in die Agenda ihrer langfristigen Planung geschrieben. So gibt es seit 2009 in China ein Gesetz zur Förderung einer zirkulären Wirtschaft, welche als Kernstrategie für die Verwirklichung einer ökologischen Gesellschaft in China bis 2050 gilt (vgl. Cheng 2019:54). Andere Länder – so etwa Deutschland und Japan – sprechen von langfristiger Ressourceneffizienz ohne den Begriff *„circular economy“* zu benutzen. Dabei gilt Japan als eine Art Vorreiter mit dem am weitesten entwickelten gesetzlichen Rahmen für eine zirkuläre Wirtschaft und dem am weitesten fortgeschrittenen Recycling-System. So wurden etwa in Japan bereits 2014 98% aller Metalle und zwischen 74 und 89% der Haushaltsgeräte rezykliert (vgl. Cheng 2019:57). Im Vergleich dazu lag die Recycling-Quote in der EU 2015 für Elektronikschrott erst bei 32,2% (vgl. Cheng 2019:57). Jedoch hat die Europäische Kommission im Dezember 2015 den so genannten „Circular Economy Action Plan“ lanciert, der einen europäischen Standardisierungsprozess initiierte, der auf neue und besondere Standards von Dauerhaftigkeit, Reparatur und Wiedergebrauch von Bestandteilen in der Fertigungsindustrie abzielt *(„remanufacturing“)*. Im Rahmen des im Mai 2017 lancierten BS8001-Programms sollen Standards der Produktezirkularität in einer Reihe von Pilotfirmen eingeführt werden (vgl. Charter 2019:23f.). Weil rund 80% der Umweltwirkung eines Produktes bereits in der Design- und Entwick-

34 Zu weiteren Aspekten des Zero Emission-Ansatzes vgl. auch Jäggi 2018c:150ff.

lungsphase definiert werden, sollen Kriterien der Produktezirkularität bereits in den Design-Prozess eingeführt werden. Dabei sind zirkuläre Aspekte in alle Designphasen zu integrieren, also bei der Materialauswahl, der Herstellung, beim Transport und in der Distribution, im Gebrauch und in der Nutzung sowie am Ende der Lebensphase des Produkts (vgl. Charter 2019:26).

Entscheidender Bestandteil einer *Circular Economy* ist der freie Zugang zu allen Informationen für alle Menschen. Dazu müssten Fragen des Patentschutzes und des geistigen Eigentums neu geregelt werden. Weil ja Forschung und Entwicklung mit Kosten verbunden sind, wäre zum Beispiel denkbar, den Patentschutz generell auf einige wenige Jahr zu begrenzen und danach für die Allgemeinheit oder die zirkuläre Wirtschaft wichtige Erkenntnisse und Informationen gegen ein staatliches Entgelt frei zugänglich zu machen. Umgekehrt müsste jede Form der Patentierung lebender Organismen – etwa von Genmaterial – prinzipiell verboten werden, weil damit mögliche neue Erkenntnisse und Weiterentwicklungen verhindert werden.

3.12 Tugendethische Ansätze und das Problem der persönlichen Integrität

James M. Buchanan (1992:34) hat zu Recht darauf hingewiesen, dass jede Handlung unabhängig von ihrem Motiv einen „ethischen Gehalt" besitzt, weil sie a) eine bestimmte Absicht verfolgt und b) indem andere Personen betroffen sind. Ökonomisch gesagt können durch eine Handlung andere Akteure „Nutzeneinbussen" (Buchanan 1992:34) erleiden oder „Nutzengewinne" erhalten. Wenn etwa Mobil-Telefon-Nutzer Elektrosmog mitverursachen, unter welchem andere Menschen – und möglicherweise auch sie selbst – leiden (vgl. Jäggi 2017b:37ff.), gibt es im Grunde zwei Möglichkeiten, darauf zu reagieren: Entweder durch eine Veränderung der Rahmenbedingungen – etwa durch Verschärfung der Grenzwerte für nicht-ionisierende Strahlung – oder durch eine Änderung des individuellen Verhaltens der Handy-Nutzer, indem sie weniger oft und weniger lang das Gerät benutzen und die Strahlungsquelle zeitweise auschalten. Doch der Markt generiert von sich aus weder das eine noch das andere: Solange die Nachfrage nach Mobilfunk und nach Kapazitäten steigt, wird diese vom Markt geliefert – und zwar genau so lange, bis die Nachfrage gedeckt ist. Dieses Beispiel zeigt sehr schön sowohl die Chancen als auch die Grenzen tugendethischer Ansätze in der Ökonomie. Während ein Anbieter der Telekommunikation sehr schnell aus dem Markt geworfen wird, der den Wettlauf um bessere Leistung, höhere Übertragungsgeschwindigkeit und grösseres Übertragungsvolumen nicht mitmacht, kann der Bezüger dieser Leistungen individuell durchaus – etwa durch Reduktion seines Medienkonsums – den Markt mitgestalten. Im ersten Fall wird also ein tugendethischer Ansatz kaum etwas bringen, denn die Märkte funktionieren ganz einfach nicht nach tugendethischen Kriterien, dagegen im zweiten Fall schon, weil der Einzelne über sein Konsumverhalten indirekt auch die Marktangebote mitbestimmen kann.

Allerdings gibt es durchaus auch Tugenden, welche für die Marktanbieter relevant sind: Etwa Ehrlichkeit und Vertrauen.

Matthias Wühle (2015:71) hat in seiner Dissertation über die Moral der Märkte die Meinung vertreten, dass Ehrlichkeit weniger von ethisch-moralischer als von ökonomischer Relevanz sei: „Die neue Institutionenökonomik nennt die Ehrlichkeit als notwendige Voraussetzung sich selbst durchsetzender Verträge. Vertragspartner, die den kurzfristigen Vorteil zu Lasten anderer suchen, haben langfristig keinen Erfolg, während ehrliche Vertragspartner die besten Aussichten haben. In erneute Interaktion zu treten. Das Gegenteil – Unehrlichkeit – ist vor allem für hohe ökonomische Kosten verantwortlich" (Wühle 2015:71). Das zeige sich etwa im Bereich des Gebrauchtwarenhandels, „wo nur die Verkäufer über den wahren Wert der Autos informiert sind und Käufer bei Unwissenheit über eventuelle verdeckte Schäden sich für den Kauf der schlechteren Gebrauchswagen entscheiden". Die höheren Kosten seien deutlich höher als der Betrag, um den ein potenzieller Käufer betrogen werde: Man müsse ausserdem noch den aus der Tatsache der Verdrängung ehrlicher Händler entstehenden Verlust einrechnen. Der Käufer bilde einfach das arithmetische Mittel aus zwei Preisen, z.B. 50'000 Euro für einen guten und 10'000 Euro für einen schlechten Gebrauchtwagen: Dabei sei der Käufer bereit, 30'000 Euro zu bezahlen. Das dränge ehrliche Händler vom Markt, weil diese nicht bereit seien, den guten Wagen für 60% seines effektiven Wertes zu verkaufen, hingegen erziele der unehrliche Gebrauchtwagenhändel den dreifachen Preis. Deshalb könne Ehrlichkeit auch ökonomisch begründet werden (vgl. Wühle 2015:72).

Gegen diese Argumentation ist allerdings einzuwenden, dass viele Geschäftsmodelle – wie etwa in diesem Fall des unehrlichen Händlers – genau darauf beruhen, kurzfristig mit unlauteren Mitteln den maximalen Gewinn zu erzielen und danach weiterzuziehen, um das Gleiche an einem anderen Ort erneut durchzuziehen. Langfristigkeit ist in diesem Geschäftsmodell gar keine Option, weil der Verkäufer gar nicht mehr mit einem weiteren Verkauf an Ort rechnet. Genau so funktionieren viele unseriösen Firmen, die z.B. während zwei oder drei Jahren von Wirtschaftsförderungsmassnahmen profitieren (z.B. Steuerbefreiung), um dann einfach weiterzuziehen, wenn diese Zeitperiode abgelaufen ist. Genau das ist der Grund, warum Tiefststeuern und temporäre Steuerbefreiung nichts taugen – zum einen, weil seriöse Firmen bei der Standortwahl bei weitem nicht nur auf die Steuersätze achten und zum anderen, weil solche vorwiegend unseriöse, kurzfristig denkende Firmen anziehen.

Sautter (2017:252) hat die Meinung vertreten, dass „ein wohlgeordneter Markt zur Ehrlichkeit und Zuverlässigkeit" erzieht: „Unter Wettbewerbsbedingungen hat jeder die Wahl zwischen verschiedenen Partnern. Bei wiederholten und transparenten Markttransaktionen wird er deshalb diejenigen Partner bevorzugen, die ihre Versprechen halten und deren Aussagen ‚wahr' sind – auch auf dem Markt haben ‚Lügen kurze Beine'" (Sautter 2017:252). Wenn dem so ist, dann stellt sich jedoch die Frage, warum es in so vielen – wahrscheinlich den weitaus meisten – Ländern der Welt Korruption, Klientelismus, Intransparenz und Monopolabsprachen gibt. Dafür gibt es drei mögliche Antworten: Entweder sind Korruption, Klientelismus, Intransparenz und Monopolabsprachen (1) die Folge von mangelhaften oder nicht funktionierenden Märkten, oder aber (2) von übermässigem Marktwettbewerb „mit allen Mitteln", oder diese Phänomene haben (3) vorerst einmal überhaupt nichts mit dem Markt an und für sich zu tun und entstehen aus anderen Gründen

Ich selber tendiere eher zur dritten Möglichkeit: Märkte sind nicht ursächlich für Korruption, Klientelismus, Intransparenz und Monopolabsprachen verantwortlich, sie funktionieren aber sowohl mit solchen Phänomenen als auch ohne sie. Die Märkte passen sich einfach an die gesellschaftlichen und politischen Bedingungen an. So zeigt etwa das Beispiel Chinas auf eindrückliche Art, dass Staatsbürokratie und politischer Klientelismus wirtschaftlichen Erfolg überhaupt nicht im Weg stehen müssen; und umgekehrt führt mehr Demokratie nicht automatisch zu besser funktionierenden Märkten, wie etwa der abgeschottete und staatlich hochsubventionierte Landwirtschaftssektor in vielen europäischen Ländern zeigt (vgl. Jäggi 2018a:42ff.).

Deshalb lassen sich drei Folgerungen ziehen: 1) Korruption, Klientelismus, Intransparenz und Monopolabsprachen sind Ausdruck und Folge politisch-gesellschaftlicher Machtverhältnisse und sozio-kultureller Lebensumstände. 2) Korruption, Klientelismus, Intransparenz und Monopolabsprachen sind Ausdruck gesellschaftlich-ethischer Standards und müssen auf ethisch-moralischer Ebene angegangen werden. 3) Die ordo-ökonomischen Rahmenbedingungen müssen so gestaltet sein, dass sie ethisch-moralisches Verhalten auf dem Markt belohnen und ethisch-moralisches Fehlverhalten bestrafen.

Dafür reicht aber ein Regime freiwilliger Corporate Social Responsibility oder der Global Governance bei weitem nicht. Da ist der Vorschlag von Heimbach-Steins (2016:93) nicht nur realistischer, sondern auch zielführender: „Sowohl die drängenden Realitäten kriegs- und bürgerkriegsbedingter Fluchtmigration als auch die grossen Migrationsbewegungen aufgrund ökologischer und/oder ökonomischer Not bestätigen die Notwendigkeit einer globalen Ordnung von Eigentums- und Nutzungsrechten unter dem Anspruch gerechter Verteilung auf das Deutlichste. Sie muss den Zugang zu lebenswichtigen Ressourcen jenseits der ‚zufälligen' Ausstattung bestimmter Gesellschaften mit Rohstoffen, günstiger Bodenbeschaffenheit etc. sichern helfen. Ein global gerechterer Ressourcenzugang und gerechtere Verteilungsregeln sind nicht nur im Interesse der Armen und weniger Begünstigten, sondern auch im Interesse der Wohlhabenden".

Neben sozial- und institutionenethischen Mindeststandards braucht es eine nachhaltige Ausrichtung des Wirtschaftslebens auf tugendethische Minimalstandards. Solche ethisch-moralische Grundkompetenzen müssen sich auf drei Ebenen erweisen:

- Ökonomische Kompetenzen im Hinblick auf die Märkte, die Unternehmen und den Einzelnen;
- politische Kompetenzen hinsichtlich lokaler, regionaler und nationaler Regierungen, aber auch internationaler Organisationen und globaler Regierungsverantwortung sowie
- ethische Kompetenzen in Bezug auf Persönlichkeit und Charakter, wobei persönliche Eigenschaften wie Integrität und Wahrheit, aber auch Kompetenzen für angemessenes Handeln in Bezug auf normative bzw. angewandte Ethik notwendig sind (vgl. dazu Küng 2010:224).

Dabei ist die persönliche Integrität von entscheidender Bedeutung. Entsprechend sollte die Unternehmenskultur auf diesem zentralen Wert beruhen: „Statt auf äusserer Konformität ist sie auf innere ‚Integrity' ausgerichtet. Dieses Steuerungsmodell setzt auf die Selbstbestimmung des Mitarbeiters, von dem man ein von eigenen und sozialen Interessen geprägtes verantwortungsbewusstes Verhalten erwartet: eine Eigenverantwortung mit bestimmten Freiräumen" (Küng 2010:232). Diese Haltung muss aber – so Küng (2010:232) – von der Unternehmensspitze her gelebt werden.

Allerdings besteht – so Bühl 1998:37 – das grösste Hemmnis für eine universale Tugendethik in ihrer „Nicht-Universalisierbarkeit und Nicht-Begründbarkeit", wobei beides nach Bühl zusammenhängt: Weil verschiedene Kulturkreise und verschiedene historische Kontexte unterschiedliche Tugendethiken entwickelt haben, seien die Tugenden und damit auch tugendethische Ansätze lediglich deskriptiv sinnvoll, nicht aber normativ. So können Tapferkeit, Stolz, Beherrschung oder Bescheidenheit in einem sozio-kulturellen Kontext Tugenden sein, in einem anderen Kontext jedoch lediglich dumm oder sogar ein Laster. Ausserdem könne es sein, dass in einzelnen Gesellschaften Gehorsamkeit und Konformismus höher geschätzt wird als Eigenständigkeit, Individualität oder Selbstverantwortung. Umgekehrt kann individuelle Leistung höher gewichtet sein als Unterordnung unter ein Gemeinwohl. Tatsächlich gibt es nicht wenige Studien, welche diese kulturellen Unterschiede zu bestätigen scheinen. Doch das Problem ist, ob von der Alltagsebene auch auf eine tiefere Sinnebene geschlossen werden kann. So spricht einiges dafür, dass sowohl religiöse wie säkulare Weltanschauungen immer wieder grosses Gewicht auf Verantwortung und Solidarität gegenüber den anderen Menschen gelegt haben – wenn auch diese kollektive Verantwortung in jeder Kultur anders codiert und konkretisiert wird.

Von entscheidender Bedeutung ist auch, dass die ethische Ausrichtung von Unternehmern oder Mitarbeitenden einer Institution – auch staatlicher Einrichtungen – auf intrinsischen und nicht auf extrinsischen Motivationen beruht. Dabei geht es – so Hahn und Kliemt (2017:131) – nicht um eine Tugendethik im Sinne einer „Gehhilfe", denn so verstanden stellt „Tugend als Handlungsdisposition ... eher einen Knüppel dar, der dem seinen Interessen nachgehenden Akteur in dem betreffenden Einzelfall zwischen die Beine gerät". Doch das ändert sich, wenn Kunden, Lieferanten und andere Stakeholder „das Vorliegen einer echten inneren Bindung" (Hahn und Kliemt 2017:131) erkennen. In einem solchen Fall wird eine intrinsische Tugendethik zu einer echten Ressource eines Unternehmens. So wächst die Akzeptanz der in einem solchen Unternehmen hergestellten Produkte und Dienstleistungen bei den Kunden, das Unternehmens-Image steigt und interne Akteure sowie externe Kooperationspartner finden leichter Geschäftspartner, was wiederum den langfristigen Erfolg des Unternehmens verbessert.

Gegen tugendethische Ansätze wurden immer wieder zwei Hauptargumente vorgebracht: Erstens werde das konkrete Handeln und Verhalten stärker von der jeweiligen Situation bestimmt als vom Charakter der handelnden Person. Zweitens sei die Tugendethik nicht ausreichend handlungsorientiert: Die Frage, was soll ich konkret *tun*, komme dabei viel zu kurz (vgl. Moore 2017:45ff.).

Sozusagen eine Mittelposition zwischen einer institutionellen und einer Tugendethik haben Wilhelms und Wulsdorf (2017:71) vertreten. Sie schlagen vor, die vier folgenden „Ethikindikatoren im Sinne von ethischen Prüfkriterien" anzuwenden: Kommunikation, Partizipation, Kooperation und Transparenz. Sie gehen davon aus, dass diese Kriterien „anschlussfähig für die Wirtschaft" seien und ausserdem eine „Ausfaltung des Verantwortungsbegriffs" (Wilhelms und Wulsdorf 2017:71) darstellten. Es stellt sich allerdings die Frage, ob Kommunikation und Kooperation tatsächlich ethisch brauchbare Kriterien sind – beide stellen rein deskriptive Konzepte der Soziologie dar, während Partizipation und noch stärker Transparenz deutlich stärker ethisch-normativ konnotiert sind – oder sein können. Ausserdem können die vier „Ethikindikatoren" sowohl je nachdem wertfrei / funktional oder ethisch-normativ definiert werden. Streng genommen beinhalten die vier Begriffe je nach Verständnis völlig andere Semantiken.

Otfried Höffe (2015:131) hat darauf hingewiesen, dass der klassische Liberalismus von einer klaren Arbeitsteilung zwischen gerechten Institutionen und gerechtigkeits*in*differenten Bürgern ausgeht, die überwunden werden muss: Für gerechte Institutionen brauche es eine Gesellschaft bestehend aus Bürgern mit Bürgertugenden. Anders gesagt: Auf der einen Seite muss die Wirtschafts- und Gesellschaftsordnung ethisch-moralischen Normen entsprechen, aber auf der anderen Seite muss das individuelle Verhalten der Bürgerinnen und Bürger tugendethischen Normen folgen – nur wenn beides der Fall ist, wird eine Gesellschaft langfristig überleben und prosperieren.

Stückelberger (2020:165) hat ein Konzept der „Globalance" als Grundlage für eine umfassende und weltweite Gesellschafts- und Wirtschaftsordnung vorgeschlagen. Er versteht unter „Globalance" ein Konzept einer wertbegründeten Welt im Gleichgewicht (a „concept of a values-driven world in balance"), die sowohl auf Werten als auch auf Tugenden basiert. In diesem Konzept bilden Werte die Grundlage für das persönliche, berufliche und öffentliche Leben, während die Tugenden Orientierungsmassstäbe („benchmarks") darstellen für persönliches Handeln und Verhaltensweisen. Allerdings erscheint der Wertebegriff im Kontext von globalen Institutionen möglicherweise zu schwach, um verbindliche Strukturen und egalitäre Beziehungen auf nationaler wie globaler Ebene aufzubauen und durchzusetzen. Dazu kommt, dass Werte oft eigenartig unverbindlich und auch disparat sind[35].

35 So ist etwa aus der Einstellungsforschung bekannt, dass Haltungen *(attitudes)* häufig nicht zu einem Verhalten führen, das diesen Werten entspricht und entsprechend Einstellungsänderungen auch nicht zwingend zu Verhaltensänderungen (vgl. dazu Jäggi 2016b:22 und dort insbesondere Fussnote 26).

Deshalb müssten die jeweiligen Grundwerte einzelner Kulturen, Religionen und Weltanschauungen explizit herausgearbeitet und reflektiert werden. Aber interessant und innovativ an diesem Konzept der „Globalance“ ist die Kombination von Werten auf der einen Seite und persönlichen Tugenden auf der anderen Seite. Denn oft wird entweder eine reine Institutionsethik oder aber eine explizite Tugendethik vertreten, anstatt beides zu kombinieren.

Stückelberger (2020:172 und 186) hat in zwei Grafiken die zehn wichtigsten Werte und die zehn wichtigsten Tugenden zusammengestellt, die ihrerseits von der Liebe als eine Art Meta-Wert und Meta-Tugend zusammen und im Gleichgewicht gehalten werden. Die zehn wichtigsten Werte beinhalten:

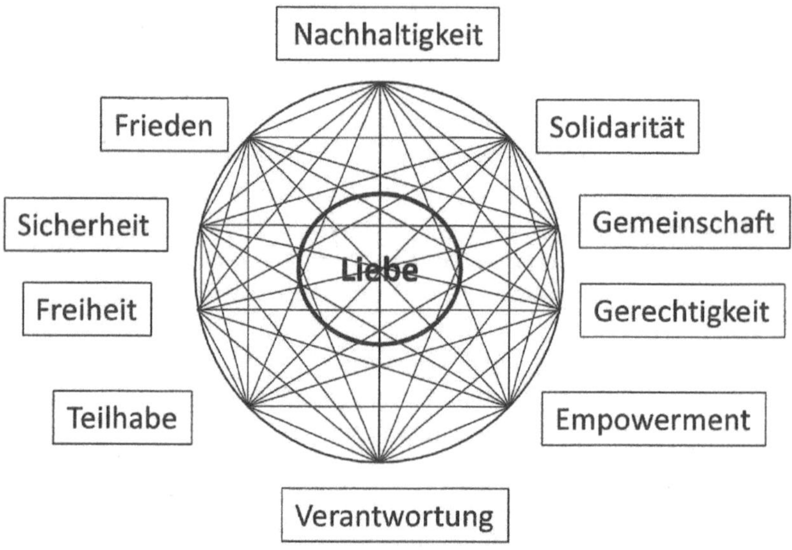

Die zehn wichtigsten Werte. Quelle: Stückelberger 2020:172; Übersetzung aus dem Englischen durch CJ.

Analog dazu stelltr Stückelberger die zehn wichtigsten Tugenden zusammen:

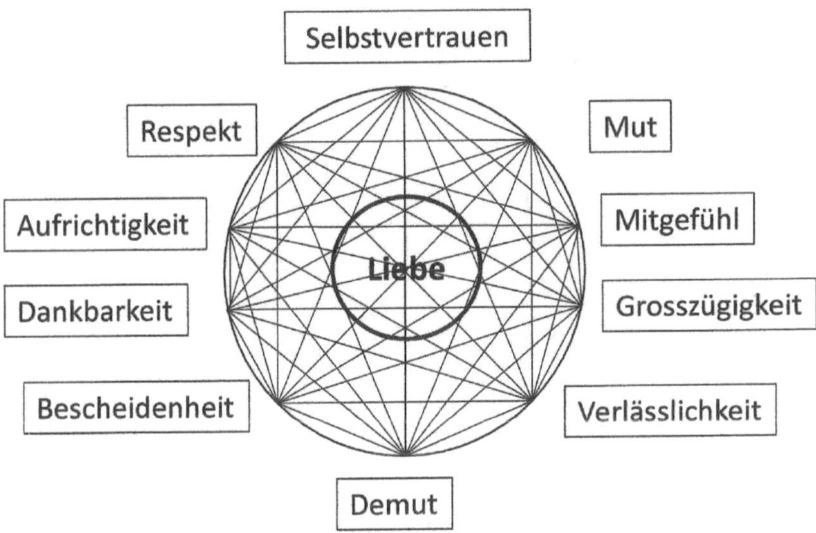

Die zehn wichtigsten Tugenden. Quelle: Stückelberger 2020:186; Übersetzung aus dem Englischen durch CJ.

Stückelberger meint, dass – wenn diese Werte auf der einen Seite und die Tugenden auf der anderen Seite als holistisch und dynamisch zusammenwirken – so etwas wie ein neues Gleichgewicht entsteht, das als Grundlage für ein globales Wirtschafts- und Gesellschaftssystem fungieren kann. Diese Vision ist zweifellos bedenkenswert und auch ausbaufähig. Und was noch wichtiger ist: Sie lässt sich in den verschiedensten religiösen und weltanschaulichen Grundpositionen und Ausgangspunkten verankern.

4 Vergeistigung als Antwort

Der so genannte Bonhoeffer-Kreis schrieb 1943 in seinen Grundgedanken für eine Nachkriegs-Ordnung in Deutschland: „Zur richtigen Bestimmung der Wirtschaftsordnung müssen die Menschen so genommen werden wie sie sind; die wirklich vorhandenen Kräfte müssen richtig eingesetzt und genützt werden, so vor allem das Streben der Menschen, für sich selbst und für die Ihrigen das Leben möglichst gut zu gestalten“ (Brakelmann und Jähnichen 1994:345; vgl. auch Sautter 2017:154). Doch dazu stellen sich zwei Fragen. Erstens: Wie sind die Menschen? Und zweitens: Sollte eine Wirtschaftsordnung nicht über eine rein operative Regelung des Ist-Zustandes hinausgehen, oder anders gesagt: Sollte die Wirtschaftsordnung nicht auch darauf ausgerichtet sein, wie der Mensch sein sollte? Eine nachhaltige Wirtschaftsordnung muss doch auf eine Veränderung der Ist-Situation abzielen und den Menschen auch Freiräume zur Entwicklung und zum Lernen ermöglichen. Das bedeutet auch – so wie das mittlerweile eine ganze Anzahl von Ökonomen auch sieht –, dass die Fixierung des Menschenbildes auf einen eindimensionalen „Homo Oeconomicus“ durch ein weniger reduktionistisches Menschenbild ersetzt wird. Eine nachhaltige, in die Zukunft gerichtete Wirtschaftsordnung muss also einerseits den Ist-Zustand des Menschen berücksichtigen, anderseits aber auch dessen Veränderungspotenzial und Lernfähigkeit in Richtung einer geistigen und ganzheitlichen Entwicklung auf individueller und kollektiver Ebene ermöglichen. Und genau da kommen die einzelnen Weltanschauungen und Religionen ins Spiel. Wenn man Arthur Richs (1984:78f.) zwei Schlüsselkriterien der Sachgerechtigkeit und der Menschengerechtigkeit für eine Wirtschaftsethik ernst nimmt, muss ein „sachgerechtes“ und ein „menschengerechtes“ Menschenbild sowohl die materielle als auch die geistig-spirituelle Seite des Menschen einbeziehen.

Doch reicht es, zu fordern – wie Sautter (2017:162) in Anlehnung an Rich (1984:78f.) das tut –, dass die instrumentelle Rationalität des Ökonomischen (Sachgerechtigkeit) und der Anspruchscharakter ethischer Normen (Menschengerechtigkeit) miteinander zu verknüpfen sind? Dabei stellen sich zwei Fragen. Erstens: Ist es ausreichend, unter „sachgerecht“ instrumentelle Rationalität und ökonomische Effizienz zu verstehen? Gehört zu einer sachgerechten Ökonomie nicht noch mehr, etwa Verteilungsgerechtigkeit, Bedarfsgerechtigkeit und Solidarität? Anders gefragt: Wo liegen die Grenzen der Ökonomie und der Ökonomik, wie breit oder eng ist Ökonomie zu fassen? Zweitens: Bedeutet „menschengerecht“ nicht viel mehr als die Entwicklung und Durchsetzung ethischer Normen in der Gesellschaft? Gehören nicht auch existenzielle Fragen wie: warum sind wir da, was ist der Sinn des Lebens, wie gehen wir mit dem Tod um usw. zur Menschengerechtigkeit? Gehören nicht auch philosophische oder religiöse Weltanschauungsentwürfe zur Menschengerechtigkeit?

Interessant im Zusammenhang mit der Distributionsgerechtigkeit ist das Gleichnis des nach Hause zurückgekehrten Sohnes und dessen Verhältnis zu seinem zu Hause gebliebenen Bruder in Lk 15,11ff.: „[12] Der jüngere von ihnen sagte zu seinem Vater: Vater, gib mir das Erbteil, das mir zusteht. Da teilte der Vater das Vermögen auf. [13] Nach wenigen Tagen packte der jüngere Sohn alles zusammen und zog in ein fernes Land. Dort führte er ein zügelloses Leben und verschleuderte sein Vermögen. [14] Als er alles durchgebracht hatte, kam eine große Hungersnot über das Land, und es ging ihm sehr schlecht. [15] Da ging er zu einem Bürger des Landes und drängte sich ihm auf; der schickte ihn aufs Feld zum Schweinehüten. [16] Er hätte gern seinen Hunger mit den Futterschoten gestillt, die die Schweine fraßen; aber niemand gab ihm davon. [17] Da ging er in sich und sagte: Wie viele Tagelöhner meines Vaters haben mehr als genug zu essen, und ich komme hier vor Hunger um. [18] Ich will aufbrechen und zu meinem Vater gehen und zu ihm sagen: Vater, ich habe mich gegen den Himmel und gegen dich versündigt. [19] Ich bin nicht mehr wert, dein Sohn zu sein; mach mich zu einem deiner Tagelöhner. [20] Dann brach er auf und ging zu seinem Vater. Der Vater sah ihn schon von weitem kommen, und er hatte Mitleid mit ihm. Er lief dem Sohn entgegen, fiel ihm um den Hals und küßte ihn. [21] Da sagte der Sohn: Vater, ich habe mich gegen den Himmel und gegen dich versündigt; ich bin nicht mehr wert, dein Sohn zu sein. [22] Der Vater aber sagte zu seinen Knechten: Holt schnell das beste Gewand, und zieht es ihm an, steckt ihm einen Ring an die Hand, und zieht ihm Schuhe an. [23] Bringt das Mastkalb her, und schlachtet es; wir wollen essen und fröhlich sein. [24] Denn mein Sohn war tot und lebt wieder; er war verloren und ist wiedergefunden worden. Und sie begannen, ein fröhliches Fest zu feiern. [25] Sein älterer Sohn war unterdessen auf dem Feld. Als er heimging und in die Nähe des Hauses kam, hörte er Musik und Tanz. [26] Da rief er einen der Knechte und fragte, was das bedeuten solle. [27] Der Knecht antwortete: Dein Bruder ist gekommen, und dein Vater hat das Mastkalb schlachten lassen, weil er ihn heil und gesund wiederbekommen hat. [28] Da wurde er zornig und wollte nicht hineingehen. Sein Vater aber kam heraus und redete ihm gut zu. [29] Doch er erwiderte dem Vater: So viele Jahre schon diene ich dir, und nie habe ich gegen deinen Willen gehandelt; mir aber hast du nie auch nur einen Ziegenbock geschenkt, damit ich mit meinen Freunden ein Fest feiern konnte. [30] Kaum aber ist der hier gekommen, dein Sohn, der dein Vermögen mit Dirnen durchgebracht hat, da hast du für ihn das Mastkalb geschlachtet. [31] Der Vater antwortete ihm: Mein Kind, du bist immer bei mir, und alles, was mein ist, ist auch dein. [32] Aber jetzt müssen wir uns doch freuen und ein Fest feiern; denn dein Bruder war tot und lebt wieder; er war verloren und ist wiedergefunden worden" (Lk 15,11ff.; Einheitsübersetzung).

Diese ergreifende Geschichte ist aus ethischer Sicht von mehrfachem Interesse: Eine ursprüngliche Gleichbehandlung und Anspruch beider Söhne auf ihren Erbteil, über deren unterschiedliches Verhalten – Auszahlung des Erbes an den Jüngeren, dessen Verschleuderung seines Erbteils und Verbleiben des Älteren zu Hause und Arbeit für den Vater –, in der Folge durch Verprassung des Vermögens und durch die Hungersnot teils selbst- und teils fremdverschuldete Armut des jüngeren Sohns, seine Rückkehr nach Hause und – als Wendepunkt – die freudige Aufnahme durch den Vater. Die daraus resultierende Eifersucht des zu Hause gebliebenen Bruders erscheint psychologisch nachvollziehbar. Und wiederum ist die Antwort des Vaters überraschend: Der ältere Sohn war immer beim Vater und arbeitete für ihn. Dieser freut sich jedoch über den zurückgekehrten und wieder gefundenen Sohn. Vordergründig und aus der Sicht einer Alltagslogik scheint das Verhalten des Vaters ungerecht: Der jüngere Sohn erhält die Hälfte des Erbe, bringt es durch – erwartet würde nun, dass der Vater ihn verstösst oder ihm zumindest nicht hilft. Umgekehrt scheint der ältere Bruder ungerecht behandelt zu werden, und zwar gleich dreifach. Erstens wird gesagt: Was dem Vater gehört, gehöre auch ihm – und wir wissen, dass dies in aller Regel nicht so ist: Vor der Erbaufteilung bleibt der Besitz zur alleinigen Verfügung beim Erblasser. Zweitens arbeitet der Sohn für den Vater, wahrscheinlich ohne Lohn. Und drittens wird nun sein übrig gebliebener Erbanteil massiv verringert, vielleicht später nochmals aufgeteilt. Eine mögliche Folgerung aus dieser Geschichte könnte sein, dass der Bezug zum Vater und dessen Liebe zum Sohn – zu allen Söhnen – alles andere übersteigt und hintansetzt, selbst ökonomische Gerechtigkeit. Dazu kommt, dass der fehl gehende Sohn mindestens ebenso – wenn nicht noch stärker – geliebt wird als der sich korrekt verhaltende Sohn. Freude und Zuneigung stehen über aller ökonomischen Gerechtigkeit, ja schaltet gleichsam das ökonomisch motivierte Denken aus.

Allgemein gesagt: Die geistige Beziehung zwischen Vater (Gott) und Sohn (Mensch) übersteigt alles andere und steht weit über sozio-kulturellen oder ökonomischen Normen. Allerdingst stellt sich dabei auch die Frage, wie eine derartig ausgerichtete Ethik den Gerechtigkeitskriterien entsprechen kann. Das geht vermutlich nur, wenn die zwischenmenschliche, liebevolle Beziehungsebene und die Gott-Mensch-Relation[36] über alles andere gestellt werden. Und ein wichtiger Bestandteil einer gerechten Gott-Mensch- und vor allem Mensch-Mensch-Beziehung ist auch die soziale und wirtschaftliche Gerechtigkeit.

Von daher erscheint es problematisch, wenn Sautter (2017:162f.) die „‚Verknüpfung' von ‚Ethik' und ‚Ökonomik'" kulturalistisch nennt, denn dann müsste man eine Verbindung von Ethik und Medizin ebenfalls als kulturalistisch betiteln, aber auch Ethik und Politik. In den Kulturwissenschaften wird der Begriff „kulturalistisch" im Sinne eines kulturellen Reduktionismus gebraucht, etwa wenn ökonomische oder soziale Konflikte ausschliesslich kulturell gedeutet oder „ethnisiert" werden. Darum geht es aber in der Gegenüberstellung und Verbindung von Ethik und Ökonomik überhaupt nicht – ganz im Gegenteil: Einerseits werden die Vorstellungen und Erkenntnisse der Ökonomik vor dem Hintergrund ethischer Kategorien reflektiert, aber nicht reduziert, sondern im Gegenteil dimensional geöffnet oder erweitert. Das, was Sautter mit „kulturalistischem Ansatz einer Wirtschafts- und Unternehmensethik" meint, ist – wie er selber (vgl. Sautter 2017:163) auch sagt – eine rein deskriptive Ethik, welche die Frage beantwortet: Welche ethischen Normen und Kategorien für wirtschaftliches Handeln gibt eine bestimmte Kultur vor? Darum geht es aber nicht: Es geht darum, pragmatische, also handlungsorientierte Normen zu entwickeln, welche sich in verschiedenen sozio-kulturellen Kontexten begründen und auch anwenden lassen.

Eine ordo-ökonomische Ethik kann genauso wenig wie eine Unternehmensethik oder Konsumentenethik niemals rein deskriptiv sein. Doch sie muss sich auf deskriptive Ethiken in unterschiedlichen sozio-kulturellen oder weltanschaulichen – säkularen oder religiösen – Kontexten abstützen können.

Der Züricher Ethiker Hans Ruh (2011:39) hat völlig zu Recht mit Blick auf die Ursachen der Wirtschafts- und Finanzkrise 2008/2009 festgestellt: „Die Antwort ist klar. Die Ursachen liegen wesentlich im geistig-moralischen Bereich. Dies deshalb, weil menschliches Handeln und menschliche Institutionen, eingeschlossen die Wirtschaft, nur gelingen können, wenn diese verankert sind in einer grundlegenden Ordnung des Seins". Zentrale Inhalte einer solchen Ordnung des Seins sind nach Ruh (2011:39) Legitimität und Mass.

Auch der Koran vertritt eine Haltung des Masshaltens: „O Kinder Adams, legt euren Schmuck bei jeder Moschee an, und esst und trinkt, aber seid nicht

36 Oder allgemein der Bezug des Menschen zu Formen der Transzendenz, des Göttlichen oder zum Geist.

masslos. Er liebt ja die Masslosen nicht“ (Q 7,31; gemäss der Koranübersetzung von Khoury).

In Q 15,19ff. wird klar festgestellt: „[19] Auch die Erde haben Wir ausgebreitet und auf ihr festgegründete Berge angebracht. Und Wir haben auf ihr allerlei Dinge im rechten Mass wachsen lassen. [20] Und Wir haben auf ihr für euch Unterhaltsmöglichkeiten bereitet, und (auch) für diejenigen, die ihr nicht versorgt. [21] Und es gibt nichts, von dem Wir nicht einen Vorrat angelegt hätten. Und wir senden es nur in festgelegtem Mass hinab“ (nach der Khoury-Übersetzung). Diese vom Koran vertretene „Ökonomie des Masses“ befriedigt einerseits die menschlichen Bedürfnisse, lässt aber anderseits niemand aussen vor. Garantiert wird die Existenzsicherung der Armen und Marginalisierten. Umgekehrt lehnt die Schrift jegliche Verschwendung und jeden ökonomische Raubbau ab. Das gilt auch für Luxus und Verschwendung, für Hortung von Geld oder Gütern, für Raubbau an Rohstoffen jeder Art. Auch Tanach und Talmud vertreten eine Ökonomie des Masses (*„economics of enough“*; vgl. Tamari 2010:470).

Die Ursachen der heutigen Probleme der Wirtschaft sieht Ruh (2011:61) vor allem darin, dass die Wirtschaft sich von der Ordnung des Seins abgekoppelt hat. Vor dem Hintergrund eines normativen Vakuums habe sich die Wirtschaft im Wesentlichen autonom entwickelt, wobei die „Verankerung des wirtschaftlichen Handelns in einer geistig-moralischen Welt“ (Ruh 2011:61) verloren gegangen ist.

Weil die Wirtschaft universal geworden sei – allerdings noch ohne demokratisch legitimierte Rahmenbedingungen – müsse eine Ethik entwickelt werden, die universal angelegt und universalisierbar sei, meint Ruh (2011:84). Die Schwäche von Ruhs Ansatz liegt jedoch darin, dass er zwar die Stärkung eine globalen Zivilgesellschaft fordert (vgl. Ruh 2011:87ff.), aber darauf verzichtet, in diesem Zusammenhang die Frage nach einem demokratischen Weltstaat zu stellen (vgl. dazu Jäggi 2016c:134ff.). Dabei reicht es längst nicht mehr, vorsichtig von einer „Weltinnenpolitik“ (vgl. z.B. Radermacher 2002:125) zu sprechen, vielmehr müssen klare globale Staatsstrukturen geschaffen werden. Gerade angesichts der Tatsache, dass – wie Radermacher 2002:125 zu Recht betont – die Formulierung der „Regelwerke der Weltökonomie“ „immer mehr zur entscheidenden Machtfrage“ wird, ist die Schaffung von Strukturen eines globalen, demokratischen Weltstaates letztlich unumgänglich.

Im Einzelnen schlägt Ruh (2011:143ff.) eine Verstärkung des freiwilligen Engagements vor, Prävention als vorausschauende Problemvermeidung, Respekt vor den Menschen, mehr Mussezeiten, vertiefte Hilfsbereitschaft, Masshalten und Wahrnehmung von Schönheit. Ausserdem sei das Weltbürgerethos zu stärken (vgl. Ruh 2011:152).

Komplementär zu den Menschenrechten sollten alle Menschen ihr Handeln auf ihren *Dienst an den Menschenrechten* oder – im Sinne von Küng (2010:275) – an den *Menschenpflichten* ausrichten. Kriterien für ein solches Handeln sind dabei nach Küng (2010:275):

- Zum Gemeinwohl beitragen;
- die Wirkungen des eigenen Handelns auf die Sicherheit und das Wohlergehen der Anderen ausrichten;
- die Gleichberechtigung – insbesondere auch der Geschlechter – fördern;
- die Interessen künftiger Generationen in das eigene Handeln miteinbeziehen und die nachhaltige Entwicklung und den Schutz der Gemeingüter fördern;
- das kulturelle und geistige Erbe der Menschheit bewahren;
- sich aktiv an der Ordnungspolitik beteiligen sowie
- sich persönlich für die Beseitigung der Korruption einsetzen (vgl. Küng 2010:275).

Neben veränderten Institutionen und Marktregeln brauchen alle Marktakteure auch eine entsprechende innere spirituelle Haltung, die folgende Punkte umfassen kann:

- Einen geistigen Bezugsrahmen für das Alltagsleben *(spiritual reframing)*,
- Achtsamkeit als permanente Grundhaltung *(awareness)*,
- Aufbau eines geistigen Schutzes *(spiritual protection)*,
- Kommunikation mit dem Geist oder mit geistigen Wesenheiten *(spiritual communication)*,
- Ausschöpfung und Einsatz persönlicher Potenziale *(capabilities)*,
- gemeinsame Wahrheitssuche trotz Meinungsdivergenzen *(truth)* und
- ideelles oder geistiges Engagement *(challenge)*[37].

Rudnyckyi (2012:311) hat mit Blick auf die gemässigte islamische Reformbewegung in Indonesien skizziert, wie in islamischen Augen eine „spirituelle Ökono-

37 Ausführlicher dazu vgl. Jäggi 2021d, Kapitel „9.4 Tugendethik und Spiritualität".

mie“ funktionieren könnte. Eine solche Ökonomie bestehe aus drei miteinander verbundenen Komponenten: erstens dem Einbezug von Spiritualität als Bestandteil des strategischen und operativen Managements, zweitens der Sicht der Arbeit als eine Art Gottesverehrung und religiöse Pflicht und drittens einer persönlichen Ethik im Sinne einer Rechenschaftspflicht in Form von Transparenz, Produktivität und Gewinnorientierung. Dabei strebe – so Rudnyckyi (2012:311) – eine spirituelle Ökonomie gleichzeitig eine Transformation der Arbeitenden zu frömmeren religiösen Subjekten und eine Steigerung der Produktivität an. Ursache für die wirtschaftliche Krise, die Korruption und mangelnde Verantwortlichkeit sowie fehlender Arbeitsdisziplin sei die Trennung der religiösen Ethik vom alltäglichen wirtschaftlichen Verhalten. Deshalb sei gerade vor dem Hintergrund der wirtschaftlichen Globalisierung ein weltweites Revival der (islamischen) Religion notwendig (vgl. Rudnyckyi 2012:312). Allgemeiner formuliert könnte das heissen, dass die Trennung von wirtschaftlichem Handeln und einer religiös fundierten Ethik überwunden werden muss – eine Forderung, die bereits in der Hebräischen Bibel auftaucht.

5 Handlungsperspektiven

Der Ökonom Nathan Lee Kaplan (2018:241, vgl. auch Jäggi 2020d:53f.) hat mit Blick auf eine jüdische Wirtschafts- und Business-Ethik darauf hingewiesen, dass es keine Dualität oder gar Dichotomie zwischen Wirtschaft und übergeordneten Werten geben kann. Diese genuin jüdische Sicht gilt auch für christliche und islamischen Vorstellungen einer gerechten Wirtschaft. Egal ob diese übergeordneten Werte als göttliche Heilsordnung oder als säkulares Konzept einer gerechten Wirtschaft und Gesellschaft verstanden werden – einige sind sich wahrscheinlich die meisten Vorstellungen einer gerechten Wirtschaftsordnung, dass sich diese nicht in einem anarchischen und ungebremsten Markt erschöpfen kann – vielmehr braucht es klare, durchzusetzende und kontrollierbare aussermarktliche Richtlinien und Rahmenbedingungen. Diese müssen klare Vorgaben für Freiheit und Grenzen von Eigentum, Handelsspielregeln, Arbeitsstandards, soziale Absicherung und Existenzsicherung sowie Umweltstandards enthalten (vgl. dazu auch Kaplan 2018:242).

Ausgehend vom Bundeskonzept in der hebräischen Bibel, das entweder im Sinne einer gegenseitigen Vertragsverpflichtung zwischen Gott und den Menschen oder als eine Art Gnadenbund Gottes mit den Menschen verstanden werden kann[38], und das auch in das christliche und in das islamische Glaubensverständnis hinein gewirkt hat, sollte eine Art Wirtschaftsordnung gedacht und entwickelt werden, welche diesen Gottesbezug – oder allgemeiner gesagt: den Bezug zu einer transzendenten Weltsicht – einschliesst oder zumindest diese Möglichkeit nicht ausschliesst. Dabei gilt die alte jüdische Vorstellung der Dreiheit von Gott und übergeordneten Werten (1), Gemeinschaft und Gesellschaft (2) sowie Einzelmensch (3).

So wie im Sinne von Janowski (2013:197) Gerechtigkeit in der Hebräischen Bibel einen „gemeinsame[n] Rahmen für den Gemeinschafts- und den Gottesbezug" darstellt, entsteht durch den doppelten Bezug auf den ethischen und auf den religiösen Rahmen ein Konzept der integralen Ganzheit des Menschen. Wird einer dieser Bezüge verletzt, leidet auch die persönliche Integrität des Menschen (vgl. Janowski 2013:197f.). Damit beinhaltet Gerechtigkeit drei Pole:

38 Das erste Bundeskonzept entspricht eher dem deuteronomistischen Bundesverständnis, das zweite eher dem der Priesterschrift, vgl. dazu Zenger und Frevel 2012:151 sowie Jäggi 2020d:59f.

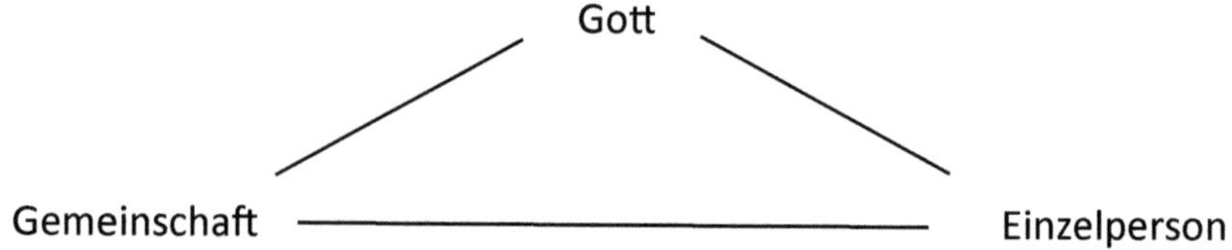

Dies Konstellation gilt im Grunde für alle Religionen, unabhängig davon, ob Gott als persönlicher Gott oder als unpersönliche Transzendenz gedacht wird.

Nach Meinung von Lewis und Kaleem (2019:87) sollte eine Wirtschafts- und Unternehmensethik aus islamischer Sicht auf folgende drei Prinzipien ausgerichtet sein: Jegliche wirtschaftliche Tätigkeit sollte geleitet werden durch *tawhid* (Einheit und Einzigkeit Gottes), *ihsan* (Güte) und *tawakkal* (Vertrauen in Gott).

Damit haben im Grunde in einem auf Gott ausgerichteten Weltbild weder ein einseitiger Individualismus noch ein radikaler Kollektivismus Platz – und die Bekämpfung der Armut ist eine Aufgabe aus drei Perspektiven: ein Auftrag Gottes, eine Aufforderung an die Gemeinschaft und auch eine Verpflichtung für jeden Einzelnen.

Im Unterschied dazu beschränken sich säkulare Weltanschauungen in der Regel auf die untere Ebene:

Gemeinschaft ——————————— Einzelperson

Doch das ändert nichts daran, dass implizit auch hier sehr wohl übergreifende Wertvorstellungen bestehen, die von den Einzelpersonen einer Gesellschaft geteilt werden. Allerdings sind dabei die Begründung und der Bezugsrahmen jeweils anders. Deshalb ist es wohl unerlässlich, eine übergreifende Wirtschaftsordnung auf diese Ebene auszurichten, wobei der dritte Pol sehr wohl als weltanschauungsspezifische Begründung fungieren kann.

Entsprechend kann in einer säkularen Sicht eine Wirtschaftsordnung ebenfalls im Sinne einer Dreigliederung gesehen werden:

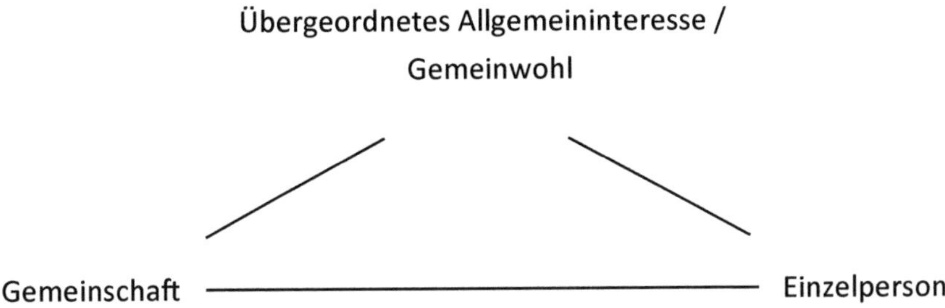

Im Sinne von Thieme (2017:24) sollte ein gerechtes Wirtschaftsordnungssystem auf der einen Seite die Lebensfähigkeit (Viabilität) und auf der anderen Seite die Selbsterhaltung (Subsistenz) aller Menschen gewährleisten. Dabei stehen die Selbsterhaltung und die Lebensfähigkeit in einem engen Zusammenhang, der sich in folgenden Eigenschaften zeigt:

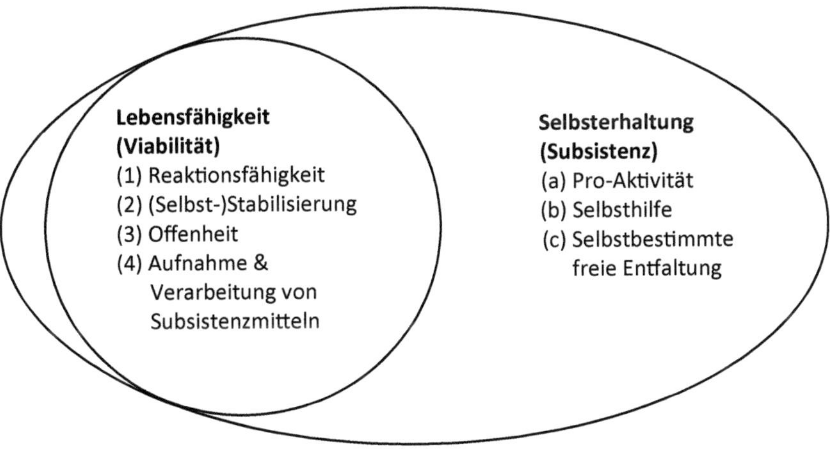

Quelle: Thieme 2017:24.

Dabei können die primären Eigenschaften der Selbsterhaltung, nämlich Pro-Aktivität, Selbsthilfe und selbstbestimmte freie Entfaltung über die Sicherung der eigenen Subsistenz hinaus zu einer Verbesserung der Lebensfähigkeit führen, die sich ihrerseits in einer hohen Reaktionsfähigkeit, Selbststabilisierung, Offenheit und in der Aufnahme und Verarbeitung von Subsistenzmitteln zeigt. Das betrifft nicht nur materielle oder physikalische Aspekte, sondern auch (umwelt) biologische, soziale, psychologisch-geistige sowie transzendente Bereiche. Umgekehrt ist auch die Lebensfähigkeit auch eine „notwendige Voraussetzung für die Selbsterhaltung“ (Thieme 2017:26), zu welcher auch die Reproduktionsfähigkeit gehört. Diese gegenseitige Verschränkung von Lebensfähigkeit und Selbsterhaltung gilt es wirtschaftsordnungsethisch um- und durchzusetzen.

Auf dieser Grundlage liesse sich – wie Janikowski 2011:34f. es formuliert – ein Konzept der „Multikapitalität“ formulieren, das folgende Kapitalformen unterscheidet und als Grundlage des Wirtschaftsprozesses versteht:

- Umweltkapital wie natürliche Ressourcen (z.B. Wasser, erneuerbare Energie, Wald);
- Sozialkapital wie Vertrauen, Kooperation usw.;
- Menschen- und Geistkapital im Sinne von Innovation, Know How, Bildung usw.;
- Technik- und Infrastrukturkapital wie Verkehrsmittel, Logistik, IT;
- Kulturkapital wie Umgang mit kultureller Vielfalt und Diversity Management;
- Politisches Kapital wie Vertrauen in die Öffentlichkeit, demokratische Prozeduren usw.;
- Finanzkapital wie zur Verfügung stehendes Geld oder andere Kapitalformen (vgl. Jäggi 2018d:115).

Diese Formen von – materiellem ebenso wie immateriellem – Kapital sind als Grundlage einer nachhaltigen Wirtschaftsordnung zu verstehen und sollen die einseitige Ausrichtung auf Geld- und Finanzkapital ablösen. Das wird zweifellos Auswirkungen auf die zur Anwendung kommenden Managementtheorien und das betriebswirtschaftliche Verständnis unternehmerischer Tätigkeit haben.

Angesichts der vielen ungelösten ökonomischen und sozialen Probleme unseres Planeten ist es unumgänglich, eine transsäkulare und transreligiöse Wirtschaftsordnungsethik zu entwickeln, welche insbesondere Antworten auf folgende Problemkreise einbringen kann (vgl. Jäggi 2018d:191):

1) Lösung der Armutsfrage auf inner-, zwischen- und überstaatlicher Ebene,
2) Sicherung der Existenz für alle Menschen, Bevölkerungsgruppen und Minderheiten auf dem Planeten,

3) Neudefinition, Gestaltung und Entschädigung von Arbeit in all ihren Formen und insbesondere im Carebereich,
4) Lösung der Eigentumsfrage und der immer grösseren Polarisierung von Reichtum und Armut sowie Lösung der Verschuldungsproblematik,
5) Entwicklung von Rahmenbedingungen und Steuerungsinstrumenten der Globalisierung und Re-Nationalisierung,
6) Klare und gerechte Rahmenbedingungen für die Migration mit einem Menschenrecht auf Migration und freie Niederlassung auf dem gesamten Planeten.

5.1 Armutsfrage

In vielen heiligen Schriften erscheint das Liebesgebot an zentraler Stelle, so etwa in Lev 19,18 in der Hebräischen Bibel, in Mt 5,43f. und 22,37 oder Joh 13,34f. im Neuen Testament oder in Sure 2,177 im Koran. Immer wieder wurde und wird dabei die Aufforderung, den Armen zu helfen und im weiteren Sinn Armut zu bekämpfen, auf das Liebesgebot bezogen. Jedoch ist jede materielle Hilfe ohne Liebe schal. So sagt etwa Paulus: „Und wenn ich meine ganze Habe verschenkte, und wenn ich meinen Leib dem Feuer übergäbe, hätte aber die Liebe nicht, nützte es mir nichts" (1 Kor 13,3; Einheitsübersetzung).

Das ist unter anderem deshalb von Bedeutung, weil das ausgeklügeltste System der sozialen Sicherheit, der beste ökonomische Umverteilungsmechanismus nicht funktionieren werden, wenn dahinter nicht eine Grundhaltung der Liebe und Solidarität steckt, sondern egoistisches Selbstinteresse – etwa die Furcht, den eigenen Reichtum zu verlieren.

In der Hebräischen Bibel gibt es drei verpflichtende Prinzipien in Bezug auf die Armut: Erstens sind die Land besitzenden Gruppen aufgefordert, zur sozialen Sicherung verarmter und landloser Mitmenschen beizutragen, zweitens wird die Frage der Bekämpfung von Not nirgends mit der Frage verbunden, ob die Not Leidenden durch eigene Schuld in diese Situation geraten sind, und drittens erinnern die vielen Verweise auf den Exodus und die Landgabe an das rettende Handeln Gottes und an seine ohne menschliches Verdienst erhaltenen Gaben (vgl. Crüsemann et al. 2004:147f. sowie Jäggi 2020d:67f.). Diese Anliegen werden im Wesentlichen – wenn auch teilweise etwas anders konnotiert – auch in der christlichen Bibel und im Koran übernommen.

Laut Duchrow (2013:117) besteht ein zentrales Anliegen im koranischen Denken darin, dass der Reichtum vor allem dazu dienen soll, einen sozialen Ausgleich herzustellen. So ist der *zakat,* also die Pflicht zum Spenden an die Armen, gemäss Sure 2,82f. eine zwingende Aufgabe aller Muslime. Dahinter steht laut Duchrow (2013:119) die Vorstellung einer „Ökonomie des Genug für alle". Auf die Frage der Gläubigen, wieviel sie spenden sollen, erfolgt folgende Antwort: „den Überschuss"[39], also im Grunde alles, was sie nicht selbst zum Leben brauchen (vgl. Sure 2,219 sowie Duchrow 2013:119).

Koranisch zeigt sich soziale Gerechtigkeit im rechten Mass (Q 11,85), im Gleichgewicht (Q 17,35), in Mässigung (Q 3,147), in der Vermeidung von Extremen, im Verzicht auf Verschwendung und auf Geiz (Q 25,67), in der Aufteilung des Reichtums (Q 2,125), in der Speisung der Bedürftigen (Q 2,184) und im Schutz und in der Sorge für Bedürftige, Waisen und Fremde (Q 4,36).

Wichtig ist, dass bei der Hilfe an die Armen deren Unterstützung in keinem Fall von ihrem jeweiligen Glauben abhängig gemacht wird: Alle Armutbetroffenen sollen unabhängig von ihrem Glauben oder ihrer ethnischen oder nationalen Zugehörigkeit unterstützt werden. So fordert etwa der Talmud: „Man versorgt die Armen der Heiden zusammen mit den Armen der Israeliten, um der Eintracht willen (*mipne darke schalom*); man pflegt die Kranken der Heiden wie die Kranken der Israeliten; man bestattet die Toten der Heiden wie die Toten der Israeliten. – Gittin 61a" (zitiert nach Homolka 1999:342). Sogar hungernde Feinde sollen unterstützt werden: „Wenn deinen Feind hungert, gibt ihm Brot, und wenn ihn dürstet, reiche ihm Wasser. Wenn du auch annimmst, dass er mit bösen Absichten gegen dich umgehe, er aber hungernd und dürstend in dein Haus kommt, gib ihm zu essen und zu trinken. – Midrasch zu Sprüchen c. 27" (zitiert nach Homolka 1999:352).

5.2 Existenzsicherung

Laut Peter Ulrich (2010:85f.) muss irgendeinmal entschieden werden, welche Wirtschaftsbürgerrechte für alle eingeführt werden sollten, um eine gerechte und effektive Wirtschaftsdemokratie zu garantieren. Es könnte zum Beispiel ein *Recht auf Erwerbsarbeit* für alle, ein *Recht auf ein erwerbsunabhängiges Grundeinkommen* oder ein *Recht auf Teilhabe am volkswirtschaftlichen Kapital* (so genanntes „Bürgerkapital") sein. Allerdings müssten diese Rechte weltweit garan-

39 Khoury übersetzt den Begriff mit: „das Entbehrliche".

tiert werden, wobei die Höhe von Erwerbseinkommen, Grundeinkommen oder Kapitalanteil kaufkraftbereinigt definiert werden könnte. Wichtig ist, dass der gewählte Schlüssel transparent und gerecht ist, aber auch lokale oder nationale Unterschiede berücksichtigt.

Im Sinne von Martha C. Nussbaum (2006:5f.) könnte ein Grund- oder Mindesteinkommen auf dem Konzept der menschlichen Grundfähigkeiten *(„human capabilities")* beruhen. Diese beinhalten, was Menschen für ein lebenswertes und würdiges Leben tun oder sein können. Mittels diesem „Befähigungsansatz" sollen die Menschen ihre Fähigkeiten und ihr Potenzial entwickeln und einbringen können (vgl. dazu Jäggi 2018d:184). Dazu braucht es minimale materielle Ressourcen. Im Sinne von Ulrich (2016:287) hätten die Menschen Anspruch auf ein Minimum an allen zugänglichen Ressourcen.

Es gibt eine Reihe von Gründen für, aber auch nicht wenige Argumente gegen ein existenzsicherndes, erwerbsunabhängiges Grundeinkommen[40]. Für ein erwerbsunabhängiges Grundeinkommen spricht, dass der untersten Bevölkerungsschicht damit eine lebenswürdige Existenz garantiert werden könnte. Ausserdem erhöht sich der Druck auf Unternehmen, die Dumping- oder Niedrigstlöhne bezahlen, angemessene Löhne auszurichten. Gleichzeitig würde ein flächendeckendes existenzsicherndes Grundeinkommen das gesamte System der Sozialversicherungen vereinfachen, die oft nur auf ganz spezifische Schadenfälle ausgerichtet sind und viele Risken überhaupt nicht abdecken. Gegen ein existenzsicherndes Grundeinkommen werden vor allem zwei Argumente angeführt: Erstens die hohen Kosten bei der Finanzierung und zweitens die Befürchtung, dass dann einkommensmässig nicht attraktive Arbeitstätigkeiten nicht mehr ausgeführt würden. Ja, einige Ökonomen befürchten sogar einen grundsätzlichen Attraktivitätsverlust von bezahlter Lohnarbeit. Die kritischen Punkte liessen sich zumindest reduzieren, wenn die Höhe des *existenzsichernden Grundeinkommens komplementär zur Einkommenshöhe* festgelegt wird: Menschen ohne oder mit geringem Einkommen erhalten in diesem Fall ein existenzsicherndes Grundeinkommen. Mit steigendem Einkommen sinkt die Grundeinkommensrente und ab einer bestimmten Einkommenshöhe fällt sie ganz weg. Damit wird zweierlei erreicht: Ordentlich entschädigte Erwerbsarbeit bleibt weiterhin attraktiv, die Verhandlungsmacht von Arbeitsuchenden gegenüber den Arbeitgebern steigt und die Kosten bleiben überschaubar.

Flächendeckend wurde ein bedingungsloses Grundeinkommen bisher nur in der Mongolei während zweier Jahre eingeführt, wo alle Bürgerinnen und Bürger

40 Ausführlich zur Frage eines existenzsichernden Grundeinkommens siehe Jäggi 2018d:185ff.

16,5 Dollar pro Monat ausbezahlt erhielten, und im Iran, wo während eines Jahrs alle Bürgerinnen und Bürger 45 Dollar im Monat erhielten (vgl. Milanović 2020:3). Nach Ansicht von Ökonomen wäre es möglich, ein erwerbsunabhängiges Grundeinkommen ohne Steuererhöhung auszuzahlen, jedoch nur bis zu einer bestimmten Höhe und unter Einsparung bei anderen Programmen – etwa bei Sozialversicherungen. Doch die Frage ist, ob der ausbezahlte Betrag ausreicht, um Bürgerinnen und Bürgern einen – wie auch immer definierten – „angemessenen“ Lebensstandard zu ermöglichen. Zweifellos müsste die Höhe unter anderem an das reale Bruttoinlandprodukt gekoppelt werden. Umstritten ist, welche Auswirkungen ein erwerbsunabhängiges Grundeinkommen auf das Verhalten der Menschen haben wird (vgl. Milanović 2020:3): Würden dann schlecht bezahlte Arbeiten verweigert, würde überhaupt kein bezahlter Job mehr angenommen, gäbe es eine Explosion der Kreativität oder würde im Grunde alles weiterlaufen wie bisher?

5.3 Arbeit als Care-Arbeit

Care-Arbeit ist zweifellos der Grundpfeiler, auf dem jede Gesellschaft beruht und ohne die jede andere Arbeit nicht nur nicht möglich sondern auch sinnlos wäre. Dabei wird die Care-Arbeit in den meisten Gesellschaften nicht nur ökonomisch unterschätzt, sondern – also Folge davon – auch nicht genügend ästimiert, was sich sowohl in den im Vergleich zu anderen Tätigkeiten geringen Löhnen und teilweise schlechten Arbeitsbedingungen als auch in der immer noch bestehenden Geringschätzung von unbezahlter Erziehungs-, Pflege- und Hausfrauenarbeit zeigt. Wenn sich auch in vielen Gesellschaften die Erwerbsquote von Eltern mit jüngeren Kindern tendenziell etwas angeglichen hat – so lag 1991 in der Schweiz die Erwerbsquote der Väter mit Kindern unter 15 Jahren noch bei 98,7%, diejenige der Mütter bei nur 59,8%; 2019 betrug die Erwerbsquote der Väter mit Kindern in diesem Alter 97,4% und diejenige der Mütter 81,7% (vgl. Briner 2020:4) –, Fakt ist, dass immer noch weit über die Hälfte der Care- und Haushaltsarbeit von Frauen geleistet wird.

Auch Heimbach-Steins (2017:231) sieht die Care- und Fürsorgearbeit als „universal-existentiale[n] Faktor“ in allen Gesellschaften und versteht darunter alle Tätigkeiten von Menschen „für sich und für Andere zum Erhalt, zur Pflege und zur Regeneration der Lebenskräfte … – Kinderpflege und -erziehung, Altenbetreuung und -pflege, Gesundheitspflege, Haushaltstätigkeiten“. Ja, „genau genommen geht es um nicht mehr und nicht weniger als *Liebe*. In einer

Welt, die Menschen und Dinge mehr und mehr am Massstab von Rationalität, Effektivität und Leistung misst – und sei dies auch im zerstörerischen Sinn –, gehört Liebe, ebenso wie ‚Aufmerksamkeit', ‚Respekt' und ‚Achtsamkeit', aber auch ‚Schwäche' und ‚Bedürftigkeit', zu den nicht quantifizierbaren Gütern, die ins Private abgedrängt wurden und werden. In dieser – bisher weitgehend als Frauendomäne qualifizierten – Zone ist Liebe schon längst öffentlich und auch politisch geworden" (Mehlhorn und Kress 2015:15). Dabei ist Care-Arbeit immer sowohl produktiv als auch reproduktiv (vgl. Jäggi 2018d:116f.).

Auch wenn unbestritten ist, dass Arbeit zum Bezug von Leistungen anderer berechtigt – so hält etwa Paulus in Röm 4,4 wie nebenbei fest: „Ein Arbeiter bekommt seinen Lohn nicht als Geschenk, sondern er hat aufgrund seiner Leistungen einen Anspruch darauf" (nach der Übersetzung der Deutschen Bibelgesellschaft Stuttgart) – ist es doch einer Überlegung wert, ob der Anspruch auf Leistungen anderer einzig über das Lohneinkommen aus monetarisierter Arbeit erfolgen kann. Es ist durchaus auch denkbar, dass der gegenseitige Anspruch auf Leistungen etwa in Form von gegenseitig verrechneter Arbeitszeit – etwa von Arbeitsstunden – erfolgt oder in Form von Bezugsgutscheinen für alle auf Produkte oder Dienstleistungen. Das gilt besonders auch hinsichtlich der Care-Arbeit, die alle Menschen im Laufe ihrs Lebens irgendeinmal benötigen.

Im Zentrum des Care-Ansatzes steht der Dienst am anderen. Im Sinne von Mt 20,25ff.: „[25] Da rief Jesus sie [die Jünger] zu sich und sagte: Ihr wißt, daß die Herrscher ihre Völker unterdrücken und die Mächtigen ihre Macht über die Menschen mißbrauchen. [26] Bei euch soll es nicht so sein, sondern wer bei euch groß sein will, der soll euer Diener sein, [27] und wer bei euch der Erste sein will, soll euer Sklave sein. [28] Denn auch der Menschensohn ist nicht gekommen, um sich dienen zu lassen, sondern um zu dienen und sein Leben hinzugeben als Lösegeld für viele" (Einheitsübersetzung) könnte das Konzept der „Erhöhung durch Erniedrigung" (vgl. Phil 2,8f.), der Selbstentwicklung durch den Dienst am anderen, zum Kern eines neuen ökonomischen Paradigmas werden. Dieses würde die heute geltende Wertordnung des grösstmöglichen Nutzens für den Einzelnen umkehren in eine Wertehierarchie des grösstmöglichen Nutzens für die Allgemeinheit. Dabei steht der Dienst, die Leistung für den anderen, nicht die individuelle Entlohnung oder der persönliche materielle Nutzen im Zentrum.

So wie im Talmud der Lohn für die Arbeit ein doppelter ist, nämlich eine materielle Entschädigung im Diesseits und eine Belohnung in der zukünftigen

Welt, sehen auch die christliche Bibel[41] und der Koran[42] die Arbeit hier und jetzt als Notwendigkeit für die materielle Existenz und als Verpflichtung gegenüber Gott und seiner Heilsordnung, aber auch für die Verkündigung der göttlichen Botschaft.

Sozusagen kontrafaktisch dazu wird aber die Rolle der Arbeit für die Eigenversorgung mit Gütern vor dem Hintergrund des Vertrauens auf Gott auch wieder relativiert:

So heisst es in Mt 6,28b.30: „Seht, wie die Blumen auf den Feldern wachsen! Sie arbeiten nicht und machen sich keine Kleider … Wenn Gott sogar die Feldblumen so ausstattet, die heute blühen und morgen verbrannt werden, wird er sich dann nicht erst recht um euch kümmern? Habt doch mehr Vertrauen!"

Von zentraler Bedeutung ist somit das Vertrauen – Vertrauen, dass alles gut kommt, Vertrauen in Gottes Voraussicht und Vertrauen auf die Versorgung mit allem Notwendigen. Vertrauen bildet also geradezu eine Brücke zur notwendigen, aber im Interesse aller geleisteten Care-Arbeit.

Wenn man die mit grosser Wahrscheinlichkeit langfristig abnehmende Nachfrage nach (bezahlten) Arbeitskräften und die in immer grösserer Zahl von auf die Arbeitsmärkte drängenden jungen Menschen bedenkt, macht es durchaus Sinn, über neue Formen von Arbeit, ihrer Entschädigung und ihrer gegenseitigen Verrechnung auf der einen Seite und über neue Formen der Befriedigung der Bedürfnisse der Menschen auf der anderen Seite nachzudenken. Die Frage nach wirtschaftlicher Gerechtigkeit ist immer auch eine Frage nach sozialem Ausgleich. Dass dieser nicht unbedingt auf einer Leistungsgerechtigkeit beruhen muss – wie das im kapitalistischen System geschieht – sondern mindestens ebenso sehr auf dem Prinzip der Bedarfsgerechtigkeit oder einer „Ökonomie der Gabe" (Ansorge 2009:154) beruhen könnte oder sogar sollte, zeigt etwa das Gleichnis der Arbeiter im Weinberg (Mt 20,1ff.), die für unterschiedlich lange Arbeitsdauer alle den gleichen Lohn erhalten[43].

---

41 So wird laut Hengel (2008:445) die Arbeit im Neuen Testament häufig umgedeutet als „Dienst für die Gottesherrschaft", und laut Mt 9,37f. sollen die Jünger Arbeiter für die anbrechende Ernte Gottes werden: „[37] Da sprach er zu seinen Jüngern: Die Ernte ist groß, aber wenige sind der Arbeiter. [38] Darum bittet den Herrn der Ernte, daß er Arbeiter in seine Ernte sende" (Einheitsübersetzung).

42 Wenn auch nicht koranisch, so doch als Hadithen werden folgende Äusserungen des Propheten Mohammed berichtet: „Die beste Arbeit ist rechtmässiger Gewinn" und „Der beste Gewinn stammt aus ehrbarem Handel und aus eines Mannes Arbeit mit seinen Händen" (Al-Muttaqī; zitiert nach Lewis 1982:163).

43 Ausführlich zu diesem Gleichnis vgl. auch Jäggi 2020c:72f.

Vorstellbar wäre ein Wirtschaftsmodell im Sinne eines „dienenden Haushaltes“ oder einer „Dienstgemeinschaft“ (Muther 2010:291), mit der Folge, dass nicht mehr die Produktionsoptimierung oder gar Gewinnmaximierung im Zentrum stehen, sondern das Wohlergehen aller und der einzelnen Gemeinden und Haushalte. Dies beinhaltet jedoch eine grundlegende Umdeutung des Nutzenkonzepts. Entsprechend wäre jede Wirtschaftseinheit, jedes Unternehmen und jede Institution sowohl einer effizienten Haushaltsführung verpflichtet, hätte aber auch stets dienenden Charakter (vgl. Muther 2010:289), wobei menschliche Existenz bereits per se als Dienst verstanden werden müsste – als Dienst an den anderen und an der Welt.

Gleichzeitig gibt es auch eine ethisch-moralische Pflicht zur Arbeit, also zur Tätigkeit zugunsten anderer Menschen und für sich selbst. So sagt 2 Thess 3,10b prägnant und brutal: „Wer nicht arbeiten will, soll auch nicht essen“ (Einheitsübersetzung). Die soziale Sprengkraft dieses Diktums kann wohl kaum überschätzt werden.

Im Sinne von Peter Kirchschläger (2017:67) braucht es eine „transformierte Reziprozität“ im Dienst: „So wie Jesus seinen Jüngerinnen und Jüngern dient, sollen sich auch alle Menschen in den Dienst der anderen Menschen stellen, in vertikalen und in horizontalen Verhältnissen bzw. Situationen“. Also nicht eine Tauschreziprozität von Arbeit gegen Lohn im Sinne eines *do-ut-des*[44], sondern eine Art paradoxe Reziprozität: Dienst als paradigmatische Haltung des „mehr Geben Wollens“, ohne auf den Empfang einer Gegenleistung zu schielen. Diese Art von bedingungs- und voraussetzungslosem Dienst (vgl. Kirchschläger 2017:67) stellt eine völlig andere Kategorie dar als der herkömmliche Tausch von Leistung gegen Leistung, Leistung gegen Geld oder Leistung gegen materielle oder immaterielle Vorteile. Das heisst zwar nicht, dass Arbeit nicht auch entschädigt werden soll oder kann, aber im Vordergrund sollte der Dienst am anderen und nicht die materielle Entschädigung stehen.

Beinahe paradigmatischen Charakter für eine auf die Spitze getriebene Care-Ökonomie hat Mt 5,40ff.: „[40] Und wenn dich einer vor Gericht bringen will, um dir das Hemd wegzunehmen, dann laß ihm auch den Mantel. [41] Und wenn dich einer zwingen will, eine Meile mit ihm zu gehen, dann geh zwei mit ihm. [42] Wer dich bittet, dem gib, und wer von dir borgen will, den weise nicht ab. [43] Ihr habt gehört, daß gesagt worden ist: Du sollst deinen Nächsten lieben und deinen Feind hassen. [44] Ich aber sage euch: Liebt eure Feinde und betet für die, die euch verfolgen, [45] damit ihr Söhne eures Vaters im Himmel werdet; denn er läßt seine

44 Lat. = ich gebe [etwas], damit du [mir auch] gibst.

Sonne aufgehen über Bösen und Guten, und er läßt regnen über Gerechte und Ungerechte. [46] Wenn ihr nämlich nur die liebt, die euch lieben, welchen Lohn könnt ihr dafür erwarten? Tun das nicht auch die Zöllner? [47] Und wenn ihr nur eure Brüder grüßt, was tut ihr damit Besonderes? Tun das nicht auch die Heiden? [48] Ihr sollt also vollkommen sein, wie es auch euer himmlischer Vater ist" (Einheitsübersetzung).

Daraus folgt: Erstens sollen die Bedürfnisse der Nächsten in jedem Fall erfüllt werden, selbst wenn diese der Eigentumsordnung entgegenstehen. Die Hilfe für andere Menschen steht über allem anderen. Zweitens gilt die geforderte Unterstützung für alle Menschen, unabhängig davon, wie nahe sie uns stehen. Diese Verpflichtung unterscheidet nicht zwischen Ingroup- und Outgroup-Angehörigen, nicht zwischen Glaubensbrüdern und -schwestern und Andersgläubigen, und auch nicht zwischen Angehörigen des eigenen Volks und anderer Völker. Die Sprengkraft dieser Forderung ist offensichtlich – besonders auch in der heutigen Zeit!

Nathalie Maillard (2011:15) hat in Anlehnung an die Psychologin Carol Gilligan eine eigene Care-Ethik vorgeschlagen, welche aus feministischer Sicht die einseitige Vorstellung einer Gesellschaft als Zusammenschluss von freien und gleichen Personen kritisiert, weil sie die unvermeidbaren Beziehungen der Abhängigkeit maskiere – etwa gegenüber Kindern, betagten Personen, Kranken, Armen und marginalisierten Menschen. Eine Care-Ethik müsste anstelle oder besser komplementär zu einer abstrakten Gerechtigkeitsethik autonom handelnder Individuen eine Beziehung der Verantwortung oder der Fürsorge gegenüber vulnerablen Personen entwickeln (vgl. Maillard 2011:15).

Es gilt auch, das Augenmerk auf Art und Inhalt der Arbeit zu werfen, also darauf, ob die verrichtete Arbeit ethisch unproblematisch ist und den göttlichen Geboten und den Allgemeininteressen entspricht.

So konnten im frühen Christentum nicht wenige Menschen aufgrund ihres Glaubens ihre bisherige Arbeit nicht mehr ausüben (vgl. Hengel 2008:457): Dazu gehörten Wirte, welche Dirnen Unterkunft gewährten, Maler und Bildhauer, die Götzenbilder anfertigten, Schauspieler, Lehrer heidnischer Literatur, Wagenlenker und Wettkämpfer in öffentlichen Spielen, Gladiatoren, Tierhetzer in der Arena und Händler mit Götzenbildern. Soldaten mussten sich gegenüber der christlichen Gemeinde verpflichten, keine Exekutionen durchzuführen und keine militärischen Eide zu schwören, was im Grunde auch die Ausübung des Militär- und Kriegshandwerks verunmöglichte. Bestimmte Berufe durften für Tempelbau und Tempeldienst nicht mehr ausgeübt werden. Die betroffenen Handwerker, etwa Zimmerleute, Stukkateure, Tischler, Dachdecker, Glattgoldschläger, Maler, Bronzearbeiter und Graveure mussten sich andere Arbeitsbereiche und Auftraggeber suchen.

Auch berichtet die Apostelgeschichte darüber, dass eine Reihe von Christen in Ephesus, die vor der Annahme des neuen Glaubens Zauberei und Wahrsagerei als ihren Verdienst betrieben, davon öffentlich Abstand nahmen: „[18] Viele, die gläubig geworden waren, kamen und bekannten offen, was sie (früher) getan hatten. [19] Und nicht wenige, die Zauberei getrieben hatten, brachten ihre Zauberbücher herbei und verbrannten sie vor aller Augen. Man berechnete den Wert der Bücher auf fünfzigtausend Silberdrachmen. [20] So wuchs das Wort des Herrn mit Macht und wurde stark" (Apg 19,18ff., Einheitsübersetzung). Ja, teilweise wurde der neue Glaube auch zu einer ökonomischen Bedrohung für bestimmte Berufe, etwa für Betreiber von paganen Kultstätten und Anbieter entsprechender Dienstleistungen. Haacker (2019:327) hält dazu fest: „Das Schreckgespenst wirtschaftlichen Schadens für den Unternehmer und die Bedrohung der Arbeitsplätze wird nur nachvollziehbar, wenn man zur Kenntnis nimmt, dass der Artemistempel von Ephesus nicht irgendeine lokale Kultstätte dieser gemeingriechischen Göttin war. Die dortige Verehrung der Artemis hatte eine Ausstrahlung, die mit der Bedeutung späterer Wallfahrtsorte für den Marienkult vergleichbar war". Bis heute kann eine religiös oder aufgrund anderer ethischer Kriterien verweigerte Arbeit oder Tätigkeit zu Konflikten mit Arbeitgebern bestimmter Unternehmen oder Trägern von Wirtschaftsmacht führen – insbesonders wenn deren Interessen tangiert werden. Das gilt etwa für die Hersteller und Exporteure von Waffen, aber generell auch für Unternehmen, welche in ethisch problematischen Feldern oder auf ethisch-moralisch problematische Weise tätig sind.

Der Islam unterscheidet in der wirtschaftlichen Produktion von Gütern und damit in Bezug auf die Arbeit zwischen *halal* und *haram*, also zwischen rein und unrein oder erlaubt und verboten. So müssen aus islamischer Perspektive Handel und das gesamt Geschäftswesen ehrlich und legitim erfolgen, und zwar so, dass die Menschen genügend für ihren Lebensunterhalt verdienen, um ihre Familie zu unterhalten und arme und mittellose Menschen zu unterstützen.

Als *halal* oder ethisch gut gelten Geschäfte mit erlaubten Gütern und Dienstleistungen, Landwirtschaft, Arbeit, Erbschaften und Geschenke. *Haram* oder ethisch schlecht sind auf unlautere Weise erworbenes Eigentum, Übervorteilung im Handel, Bestechung, Raub, Spielgewinne, Zins, Betrug, Diebstahl und Handel mit unreinen Gütern oder Dienstleistungen (vgl. Khan 2014:127f.). Die gleiche Unterscheidung zwischen *halal* und *haram* gilt im Grunde auch für die verschiedenen Arten von Einkommenserwerb (vgl. Timani 2016:177). Verboten – also *haram* – sind Spielen um Geld, Horten, Schmuggel, Schwarzmarktgeschäfte, Spekulation, Pornografie, Korruption, Zins und Wucher (vgl. Sabzwari 2010:172). Allerdings müsste diese Negativliste aus heutiger Perspektive erweitert werden, etwa durch Waffenproduktion und Waffenhandel, die Ausübung von umweltzerstörerischen Tätigkeiten wie rücksichtsloser Tagesabbau von Mineralien oder Erdöl, Tätigkeiten, welche die Umwelt verseuchen usw.

Im Zusammenhang mit der Arbeit stellt sich auch die Forderung nach mindestens einem arbeitsfreien Tag pro Woche. Dadurch soll der permanente Arbeitsalltag gebrochen werden. Als Modell dazu könnte das jüdische Sabbatgebot dienen, das sich bekanntlich nicht nur an erwachsene jüdische Menschen richtet, sondern auch an Kinder, Fremde und auch an das Vieh (vgl. Jäggi 2020d:74). Bedenkenswert sind auch in grösseren Zyklen erfolgende längere Arbeitspausen – etwa das alle sieben Jahr geltende Sabbatjahr oder das Jobeljahr alle 50 Jahre. Diese sind insofern ökonomisch bedeutsam, als damit regelmässige Schuldenerlasse verbunden sind. Dabei wird nicht nur die Arbeitstätigkeit regelmässig gebrochen, es wird auch – etwa in Lev 25,3ff. – klar gesagt, dass die Kosten der Ruhe- und Mussezeit durch den Mehrertrag in der Arbeitsperiode abzudecken sind, und dass ein periodischer Zustand der Ruhe und Beschaulichkeit gefördert werden soll. Dies deckt sich überraschend mit Forderungen nach Slow-down, De-Growth und Achtsamkeit – alles Postulate, die ökonomisch oft schwierig durchzusetzen sind, aber aus heutiger Perspektive aktueller sind denn je.

Ähnlich wie das Sabbatgebot im Judentum fordert auch der Koran einen Unterbruch der Arbeit einmal in der Woche, und zwar durch das Freitagsgebet: „[9] O ihr, die ihr glaubt, wenn am Freitag zum Gebet gerufen wird, dann eilt zum Gedenken Gottes und lasst das Kaufgeschäft ruhen. Das ist besser für euch, so ihr Bescheid wisst. [10] Wenn das Gebet beendet ist, dann breitet euch im Land aus und strebt nach etwas von der Huld Gottes. Und gedenkt Gott viel, auf dass es euch wohl ergehe. [11] Und wenn sie einen Handel oder eine Gelegenheit zur Zerstreuung sehen, laufen sie hin und lassen dich stehen. Sprich: Was bei Gott ist, ist doch besser als Zerstreuung und Handel. Und Gott ist der beste Versorger" (Q 62,9ff; nach der Koranübersetzung von Khoury). Auch das Sonntagsgebot im christlichen Umfeld hatte – wie das Sabbatgebot, auf das es zurückgeht – neben Zeit für die Verehrung Gottes zum Ziel, den Arbeitsalltag zu unterbrechen.

All diese Regelungen sollten einen *tempus sanctum* und einen *locus sanctus* – also eine Art heilige Zeit und heiligen Ort – ermöglichen, um Abstand von den Alltagsgeschäften zu gewinnen und eine Rückbesinnung auf Gott vorzunehmen.

Vischer (1996:84ff.) hat aus der Perspektive des Neuen Testaments sieben Kriterien formuliert, welche Arbeit erfüllen sollten:

„1) Arbeit muss schöpfungsgemäss sein.
2) Im Sinne des Sabbatgebots muss der menschlichen Arbeit eine zeitliche Grenze gesetzt sein.
3) Dem Stellenwert der Arbeit muss die Berufung durch Gott übergeordnet sein. Denn die eigentliche Identität des Menschen liege im Dienst für Gott und für die Gemeinschaft.
4) Menschliche Arbeit darf die Freiheit von materiellen Gütern nicht beeinträchtigen.
5) Erfülltes Leben kann nicht von der Erfüllung sämtlicher Bedürfnisse abhängig sein.
6) Bezahlte Arbeit sollte nicht mit ‚Tätigkeit' verwechselt werden, ‚Arbeit' sollte nicht zu ‚bezahlter Arbeit' verengt werden.
7) Arbeit sollte als Dienst am Nächsten und an der Gemeinschaft verstanden werden" (gemäss der Zusammenfassung von Jäggi 2020c:116).

Allerdings erscheint der sechste Punkt etwas missverständlich: Zweifellos ist „Arbeit" weit mehr als „bezahlte Arbeit", oder anders gesagt: Arbeit – also Tätigkeit für andere und auch für sich selbst – kann sowohl bezahlt als auch unbezahlt erfolgen. Wenn mit dem Punkt 6) gemeint ist, dass Arbeit nicht auf Arbeit gegen finanziellen Entgelt reduziert werden sollte, ist dagegen nichts einzuwenden. Wenn aber nur Tätigkeit, die bezahlt wird, als Arbeit gelten soll, ist das problematisch – insbesondere weil viele Arbeiten nicht die Form von bezahlter Lohnarbeit annehmen, sondern als unbezahlte Arbeit, als unterbezahlte Arbeit, als informelle Arbeit oder als Arbeit im Tausch gegen andere Arbeit oder Dienstleistungen erfolgen.

5.4 Besitz, Eigentum und Reichtum

Weitgehend einig sind sich sowohl säkulare als auch religiöse Weltanschauungen und Glaubensvorstellungen, dass das Recht auf Eigentum und Besitz unrechtmässig erworbene Güter ausschliesst[45]. Unterschiedlich sind jedoch die Ansich-

45 So unterscheidet etwa das islamische Denken zwischen *halal*-Besitz und *haram*-Besitz: Als *halal* – also als rein oder gut – werden Geschäfte mit erlaubten Gütern und Dienstleistungen, Landwirtschaft, Arbeit, Erbschaften und Geschenke bezeichnet, als *haram* – unrein oder verboten – gelten auf unlautere Weise erworbenes Eigentum, Übervorteilung im Handel, Bestechung, Raub, Spielgewinne, Zins, Betrug, Diebstahl und Handel mit unreinen Gütern oder Dienstleistungen (vgl. Khan 2014:127f.).

ten darüber, ob es nach oben eine Begrenzung von Eigentum und Besitz geben sollte oder nicht.

Im Judentum bestehen drei eigentumsbezogene Grundsätze: Erstens gehört jeglicher Besitz letztlich Gott, zweitens soll mit Eigentum verantwortungsvoll umgegangen werden und drittens sind lebenslange Besitzlosigkeit und damit Armut ungerecht (vgl. Kaplan 2018:242). Auch im koranischen Denken ist materieller Besitz letztlich nur geliehen von Gott – und der Mensch ist zur Nutzniessung eingeladen, aber die wahren Schätze entstehen im Jenseits durch gute Taten und Gott wohlgefälliges Verhalten.

Auf Seiten der Religionen dürften wohl die meisten dem Matthäus-Wort zustimmen: „[19] Sammelt euch nicht Schätze hier auf der Erde, wo Motte und Wurm sie zerstören und wo Diebe einbrechen und sie stehlen, [20] sondern sammelt euch Schätze im Himmel, wo weder Motte noch Wurm sie zerstören und keine Diebe einbrechen und sie stehlen. [21] Denn wo dein Schatz ist, da ist auch dein Herz“ (Mt 6,19ff.; Einheitsübersetzung). Das bedeutet, dass im Gegensatz zu vergänglichen und bestenfalls bis zum Tod vorhandenen materiellen Schätzen und Reichtümern geistige Errungenschaften wie gute Taten und ethisch integre Verhaltensweisen unzerstörbar und unvergänglich sind und im Gegensatz zu materiellem Reichtum und Besitz wahre Werte darstellen. Dazu kommt, dass das „Herz“, also das Zentrum des denkenden, fühlenden und handelnden Menschen, immer da ist, wonach der Mensch strebt. Jedoch sollen sich die Menschen durchaus auch am Reichtum erfreuen. Aber der materielle Reichtum bleibt immer vorläufig, auf Zeit geliehen, nicht dauerhaft und ist ein Geschenk Gottes. In diesem Punkt sind sich die jüdische, die christliche und die islamische Sichtweise einig[46]. Alle drei Traditionen betonen aber auch, dass den Armen und Bedrängten materiell und im diesseitigen Leben geholfen werden muss – und dass die Reichen moralisch dazu verpflichtet sind. Es fragt sich, ab sich der postulierte Ausgleich zwischen Reichen und Armen auf das individuelle Verhalten der Reichen und auf das Spenden von Almosen beschränken soll oder ob es auch eine Institutionalisierung des Ausgleichs von Reichtum und Armut braucht.

Doch Reichtum muss nicht nur rechtmässig erworben sein, sondern darf auch nicht aufgrund von Geiz gehortet werden. Noch schlimmer ist es, wenn sich Reiche unrechtmässig den geringen Besitz der Armen aneignen, um den eigenen Reichtum zu schonen. Sehr schön dazu passt die kleine Geschichte aus 2 Sam 12,1ff. in der Hebräischen Bibel: „[1] Da sandte der Ewige Natan zu

46 Vgl. Jäggi 2020d:77ff.; Jäggi 2020c:96 und 205ff. sowie Jäggi 2021c:39ff.

Dawid; und er kam zu ihm und sprach zu ihm: ‚Zwei Männer waren in einer Stadt, der eine reich, der andere arm. [2] Der Reiche hatte der Schafe und Rinder sehr viel, [3] der Arme aber hatte nichts als ein kleines Lamm, das er sich erworben; das nährte er, und es wuchs bei ihm mit seinen Kindern zusammen auf; von seinem Bissen aß es, von seinem Becher trank es, in seinem Schoß schlief es; und es war ihm wie eine Tochter. [4] Da kam ein Wanderer zu dem reichen Mann. Und da es ihm leid tat, von seinen Schafen und seinen Rindern zu nehmen, um es für den Wandersmann zu bereiten, der zu ihm gekommen war, nahm er das Lamm des armen Mannes und bereitete es für den Mann, der zu ihm gekommen war‘. [5] Da flammte Dawids Angesicht gewaltig auf wider den Mann, und er sprach zu Natan: ‚Es lebt der Ewige! Ein Kind des Todes ist der Mann, der solches getan! [6] Das Lamm aber soll er vierfach erstatten dafür, daß er solches getan, und weil er kein Mitleid gehabt‘.[7] Da sprach Natan zu Dawid: ‚Du bist der Mann! So spricht der Ewige, der Gott Jisraëls: Ich habe dich zum König gesalbt über Jisraël, und ich habe dich errettet aus der Hand Schauls‘“ (Tur-Sinai-Übersetzung).

Im Sinne von Heimbach-Steins (2016:92f.) müsste das Eigentum einer Sozialpflichtigkeit unterstellt, also das Recht auf Eigentum an das Gemeinwohl gebunden werden. Das Recht auf Eigentum ist kein unbedingtes Recht, und der Eigentumssicherung muss in jedem Fall der Schutz des Lebens und der Verletzlichkeit der Menschen vorangestellt werden. Das beinhaltet auch einen für alle Menschen garantierten Zugang zu den lebensnotwendigen Ressourcen. Dies gilt auch für soziale Leistungen, etwa in Form eines weltweiten garantierten Rechts auf ein existenzsicherndes Grundeinkommen.

Eine gewisse Besonderheit in Bezug auf die ungleiche Zuteilung von Reichtum und Armut gibt es im Islam: „[30] Dein Herr teilt den Lebensunterhalt grosszügig, wem Er will, und auch bemessen zu. Er hat Kenntnis von seinen Dienern, und Er sieht sie wohl“ (Q 17,30; gemäss Khoury-Übersetzung). Das bedeutet, dass Reichtum und auch Armut nach dem Willen Gottes ungleich zugeteilt sind. Aber gleichzeitig ist auch gesagt, dass allen Menschen grosszügig zugemessen wird, was sie erhalten und besitzen. Anders gesagt: Der Koran postuliert nicht ökonomische Gleichheit für alle, aber grosszügigen Lebensunterhalt in unterschiedlicher Form für die einzelnen Menschen. Reichtum – vgl. Q 27,40 – und auch Armut – vgl. Sure 2,155ff. – sind Tests oder Prüfungen Gottes an die Menschen, so unter anderem Reichtum, um die menschliche Güte zu testen. Auf keinen Fall bedeutet aber Armut, dass Gott über die Menschen ärgerlich ist (vgl. Allheedan 2016:267).

Noch einen Schritt weiter geht folgende Talmud-Geschichte aus dem Traktat Tamid 31b–32b: „Was nennt ihr reich? Sie antworteten: Denjenigen, der mit dem Los zufrieden ist, das ihm zufällt“ (zitiert nach Levinas 1996:42). Und der gleiche Text berichtet von einer Begebenheit mit Alexander dem Grossen in Nordafrika: „Er erreichte ein Dorf, in dem nur Frauen wohnten. Er wollte gegen sie einen Kampf beginnen, aber sie sprachen zu ihm: Wenn du uns umbringst, wird man sagen, du hast Frauen massakriert. Wenn wir dich töten, wird es heissen, ein König hat sich von Frauen töten lassen. Da sprach er zu ihnen: Bringt mir Brot. Sie brachten ihm ein goldenes Brot auf einem goldenen Tisch. – Essen Menschen etwa goldenes Brot? staunte er. – Wenn du gewöhnliches Brot wolltest: Gibt es das nicht bei dir, so dass du hierher kommen musstest? Als er aufbrach, liess er am Stadttor eine Inschrift anbringen: Ich, Alexander von Makedonien, war ein Narr, bevor ich in dieses Land der Frauen in Afrika kam und von ihnen belehrt wurde“ (zitiert nach Levinas 1996:42f.).

Damit ist Reichtum in einem dreifachen Sinn mehr als materieller Besitz: Reichtum (Gold) wird als etwas dargestellt, das im Grunde gar keinen Wert hat (Brot aus Gold kann man nicht essen). Folglich ist die Suche nach materiellem Reichtum sinnlos, weil wahrer Reichtum (Brot zum Essen) ja bereits überall vorhanden ist, weshalb sich die Suche nach Reichtum mit allen Mitteln – auch mit Krieg – erübrigt. Im Gegensatz dazu erscheint Weisheit (die Weisheit der Frauen) als wahrer Reichtum, die Dummheit (des Alexander) als wahre Armut. Man könnte die Geschichte auch aus Gendersicht deuten, wobei sie an die biblische Weisheitsliteratur (Frau Weisheit) erinnert, wo junge Männer von weisen Frauen belehrt werden (z.B. Spr 4,10f.).

Laut dem Talmud darf bei der Schonung fremden Eigentums kein Unterschied zwischen Juden und Nichtjuden gemacht werden: „Ja, der an einem Nichtjuden verübte Raub oder Diebstahl gilt als eine grössere Sünde, weil damit auch die Entweihung des göttlichen Namens verknüpft ist (Tosefta Baba kamma 10)“ (Bernfeld 1999:306). Ebenso gilt das Diebstahlverbot für gläubige wie nicht gläubige Menschen (vgl. Tosefta Baba kamma 10; vgl. Homolka 1999:317).

In der christlichen Bibel wird auch eine „Ökonomie des Teilens“ gefordert, die laut Apg 2,42ff. und Apg 4,32ff. als Gütergemeinschaft beschrieben und praktiziert wurde.

Wenn man bedenkt, dass 2019 Vermögen von insgesamt 226 Billionen Dollar in privatem Besitz waren (vgl. Trsan 2020:11), wird klar, wie dringend notwendig ein Umverteilmechanismus in Bezug auf den Reichtum ist. Dies wird noch eklatanter, wenn man die Verteilung des privaten Reichtums berücksichtigt:

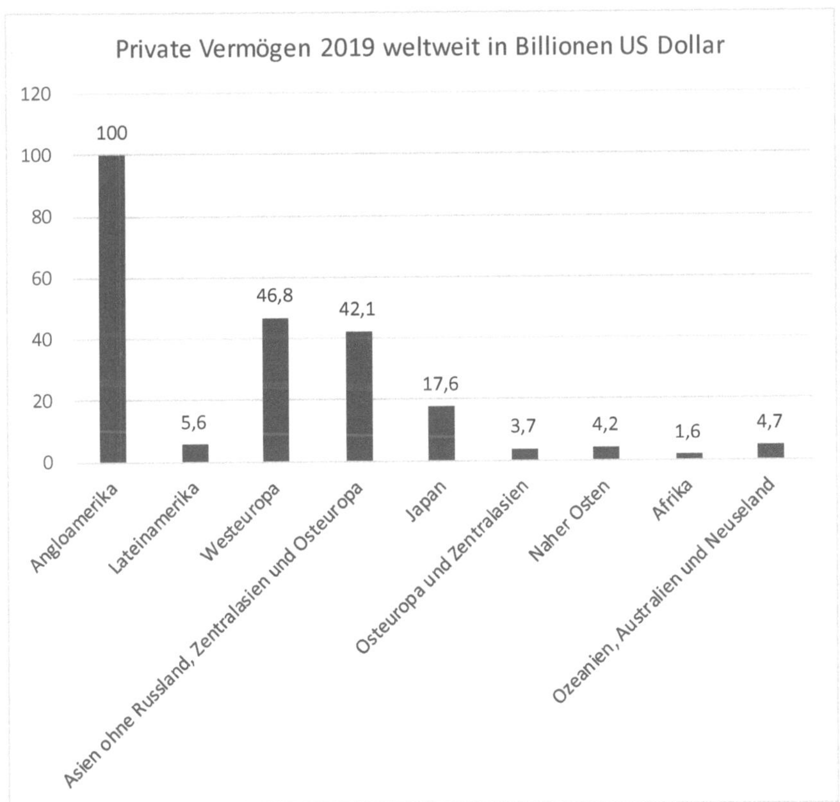

Quelle: Trsan 2020:11; eigene Darstellung.

Wenn es stimmt, dass 2020 1% der Weltbevölkerung rund ein Drittel der weltweiten Vermögen besass, das heisst insgesamt mehr als 10 Billionen US Dollar, wie eine Studie von PwC und UBS ergab (vgl. Da Silva 2020:25), und auch, dass die Reichsten während der Corona-Krise noch reicher geworden sind, dann stellt sich zweifellos die Frage nach der Umverteilung von Reichtum und Besitz so dringend wie kaum je zuvor. Dies gilt umso mehr, als die Corona-Pandemie 2020 nach Angaben der Weltbank zu einem Anstieg von extemer Armut führte: Schätzungsweise 100 Millionen Menschen gerieten 2020 weltweit zusätzlich in extreme Armut, unter anderem als Folge ausbleibener Rimessen, also von Geldüberweisungen emigrierter Familienangehöriger im Ausland (vgl. Hosp 2020:23).

Dazu kommt, dass gerade in den reichsten Ländern das öffentliche Vermögen bereits vor Covid-19 bei nahezu null oder gar im negativen Bereich lag (vgl.

Alvaredo et al. 2018:20). Das bedeutet, dass die Armut-Reichtum-Problematik bei weitem nicht nur ein Problem der armen Länder ist, sondern ebenso sehr der reichen und reichsten Staaten. Während in China trotz eines grossen Anstiegs der privaten Vermögen in den vergangenen Jahren das öffentliche Vermögen 2018 seit zehn Jahren immerhin bei rund 30% des Nationalvermögens lag, befand sich in Japan, Deutschand und Frankreich das öffentliche Nettovermögen[47] im knapp positiven Bereich. In den USA und in Grossbritannien rutschte in den letzten Jahren das öffentliche Nettovermögen sogar in den negativen Bereich (vgl. Alvaredo et al. 2018:236). Gleichzeitig ist weltweit die Vermögens*un*gleichheit extrem und nimmt weiter zu (vgl. Alvaredo et al. 2018:300).

5.5 Steuerung ökonomischer Globalisierung

Ucum (1998:191) hat die etwas zynische Meinung vertreten, dass man von der Institutionenökonomik her die These aufstellen könne, Religion steigere das nationale Bruttoinlandprodukt und das globale Sozialprodukt, indem sie durch Setzung und Überwachung von Verhaltensregeln (Standards) die Transaktionskosten senke – insbesondere auch auf internationaler und globaler Ebene. Allerdings stellt sich die Frage, ob seine weitere Behauptung zutrifft, dass „von der ökonomischen Qualität dieser Verhaltensregeln … der Zulauf zu den Religionen ab[hängt]" (Ucum 1998:191). Es kann zwar sein, dass eine Konversion zu einer bestimmten Religion auch aus ökonomischen Gründen erfolgen kann, etwa wenn durch eine Konversion Kosten oder Abgaben wegfallen – wie etwa die Sondersteuern für Nichtmuslime in islamischen Gebieten (*dhimmi*-Statut; vgl. dazu Jäggi 2021a: 96ff. und 114f.), die zum Islam konvertieren – aber viele religiöse Vorstellungen und Visionen sind nicht ökonomischer Art oder haben gar eine antiökonomische Stossrichtung. Tugendethisch argumentiert mag Ucums Argument zutreffen – etwa wenn Ehrlichkeit im Geschäftsleben, Fairness im Handel verlangt oder eine Übervorteilung des Partners verboten werden, wie in der Hebräischen Bibel, im Neuen Testament und im Koran –, aber mir scheint, dass die Kernkompetenz und Hauptintention der Religionen nicht auf dieser Ebene liegen, sondern in der Vermittlung einer neuen Sicht von Diesseits und Jenseits und entsprechender geistiger Verhaltensnormen.

Auch das empirische Argument von Ucum (1998:192), dass es eine Korrelation (= Häufung) zwischen der Intensität des Fernhandels und der Zahl der

47 Öffentliches Nettovermögen = öffentlicher Besitz minus öffentliche Schulden.

Konvertiten gebe, muss nicht heissen, dass die Religionen die Transaktionskosten senken – vielmehr kann es einfach zum Ausdruck bringen, dass die Entstehung eines gemeinsamen Handlungs- und Interaktionsraums und damit auch die Intensivierung des Fernhandels weniger ein Verdienst der Religionen als ein normaler weltanschaulicher Globalisierungseffekt ist, der genauso bei anderen – etwa atheistischen Weltanschauungen – entsteht, die überlokale und überregionale Geltung erhalten. Beispiele sind etwa der Liberalismus in der Zeit vor dem Ersten Weltkrieg, die Globalisierungswelle nach 1989 und in beschränktem Mass auch die Entstehung von Freihandelszonen etwa im Bereich der ehemaligen Sowjetunion oder der Europäischen Gemeinschaft und später der Europäischen Union. So brachte etwa der Islam – wie Ucum (1998:192) selbst vermerkt – eine gemeinsame Handelssprache (Arabisch), ein Geldsystem, ein Buchhaltungssystem, ein Kreditsystem und gesetzliche Standards zur Handhabung von Vertragsstreitigkeiten. Ähnliche – wenn auch kaum so tiefgreifende – Entwicklungen gab es in der Zeit des Kolonialismus und des britischen Commonwealth.

Zweifellos stellen die Märkte ein ausgezeichnetes Steuerungsinstrument für die Allokation und Distribution von Gütern und Dienstleistungen auf Weltebene, auf nationaler und auf lokaler Ebene dar. Doch wie jedes Instrument müssen dabei die grundlegenden Parameter, Standards und Regeln vorgegeben werden.

Schon vor bald 20 Jahren wies Radermacher (2002:17) darauf hin, dass Märkte nur unter klaren Rahmenbedingungen funktionieren können. Dabei können diese Rahmenbedingungen nicht durch die Märkte selbst festgelegt oder aus diesen heraus abgeleitet werden. Für die Definition von Rahmenbedingungen braucht es gesellschaftliche Diskurs- und Aushandlungsprozesse, die auf weltweiter Ebene nicht auf einzelne Regierungen oder Staaten reduziert werden können.

Radermacher umschrieb den Zusammenhang von Markt, Wettbewerb und Rahmenbedingungen wie folgt[48]:

„• Märkte bestehen aus der Kombination von Wettbewerb und Rahmenbedingungen.
- Der Wettbewerb dient der Maximierung der Wertschöpfung – unter Beachtung der Rahmenbedingungen.
- Rahmenbedingungen sichern zum einen das Funktionieren von Märkten (beispielsweise durch Kartellbehörden), zum anderen betreffen sie die Sicherung von gesellschaftlich-ethisch erwünschten Beständen im sozialen, kulturellen und ökologischen Bereich.

48 Ausführlich dazu vgl. auch Jäggi 2018d:170ff.

- In der Art der Rahmenbedingungen ihrer Märkte unterscheiden sich entwickelte Gesellschaften am meisten.
- Der Wettbewerb ist der einfachere Teil der Konstruktion von Märkten, Rahmenbedingungen sind der schwierigere.
- Parlamente sind in der Hauptsache mit der Schaffung der Rahmenbedingungen der Ökonomie beschäftigt" (Radermacher 2002:17).

Laut Naef (2014:171) sollte die Idee, dass Märkte sich selbst regulieren können, schleunigst begraben werden. Vielmehr müssen Märkte auf allseits anerkannte und akzeptierte gesellschaftliche und politische Ordnungssysteme abgestützt sein (vgl. Rodrik 2011:305). Das gilt besonders auch für Weltmärkte.

Eine solche Steuerung von Weltmärkten kann letztlich nicht ohne einen stabilen und demokratisch strukturierten Weltstaat geschehen. Weder die Bemühungen einer Global Governance[49] noch die bestehenden internationalen Organisationen bis hin zur UNO können diese Funktion ausüben. Dabei ist es weniger eine Frage, *ob* ein solcher Weltstaat entstehen wird, sondern *wann* und vor allem *wie* dieser aufgebaut sein wird und soll. Viele der aktuellen weltwirtschaftlichen Probleme sind darauf zurückzuführen, dass es keine legitime, länderübergreifende und subsidiär aufgebaute Regierungsstruktur gibt, welche die Rahmenbedingungen für länder- und kontinentübergreifende Märkte setzen und Fehlentwicklungen sowie Missbräuche verhindern kann (vgl. dazu auch Jäggi 2016c:131ff. sowie 2018d:176f.).

Mit Blick auf die Corona-Krise 2020 spricht Hervé Guez (2020:12), Chief Investment Officer bei Mirova, sogar von einer „Dysfunktion eines globalen Systems, das alle Grenzen ausgeschöpft hat, um einem kapitalistischen System zu dienen, ungeachtet der Folgen, die sich daraus für die Umwelt oder die Gesellschaft ergeben". Deshalb müsse jeder Akteur „seine Ambitionen innerhalb eines globalen Ökosystems, in dem verschiedene Interessengruppen interagieren, neu definieren, um eine Wertschöpfung zu erzielen".

Einen entscheidenden Schritt für die weltweite Einführung von Regeln und Standards für die Märkte stellen die Bemühungen in der EU dar, Unternehmen für Verstösse gegen die Menschenrechte oder gegen Umweltvorschriften auch ihrer Tochterfirmen und Lieferanten weltweit verantwortlich zu machen. Die EU-Kommission kündigte an, einen entsprechenden Gesetzesvorschlag bereits bis Mitte 2021 vorzulegen. Verschiedene Publikationen der EU zielen auf eine

49 Ausführich zu Möglichkeiten und Grenzen von Global Governance vgl. Jäggi 2017a:226ff. sowie 2018b:60f.

Verschärfung der geltenden Regeln ab (vgl. Schmutz und Höltschi 2020:29). Bereits seit einiger Zeit müssen grosse, börsenkotieret Unternehmen in der EU über gewisse nicht-finanzielle Themen die Öffentlichkeit informieren. Frankreich führte 2017 eine allgemeine gesetzliche Sorgfaltspflicht für Unternehmen ein, um Verstösse gegen Menschenrechte und Umweltschutz zu verhindern. Und die Niederlande verabschiedeten 2019 ein Gesetz mit der Formulierung einer Sorgfaltspflicht zur Verhinderung von Kinderarbeit. EU-weit soll eine Sorgfaltspflichtsprüfung („due diligence") eingeführt werden (vgl. Schmutz und Höltschi 2020:29). Diese Sorgfaltspflicht soll im Zweifelsfall auch dem jeweiligen ausländischen Landesrecht vorangehen – mit entsprechender Haftungspflicht für die Unternehmen, was auch Schadenersatzforderungen miteinschliesst. Auch Deutschland beabsichtigte 2020 die Verabschiedung eines nationalen Lieferketten- und Sorgfaltspflichtgesetzes, weil der bisherige Ansatz, auf freiwillige Engagements der Unternehmen zu setzen, keine zufriedenstellenden Resultate erbracht hätten. Bezeichnenderweise pushten vor allem der Sozialminister Hubertus Heil (SPD) und der Entwicklungsminister Gerd Müller (CSU) ein solches Gesetz (vgl. Schmutz und Höltschi 2020:29). Gegen ein solches Gesetz wehrten sich – auch nicht überraschend – die drei deutschen Wirtschaftsverbände BDA, BDI und DIHK.

In der Schweiz kam am 29. November 2020 eine Volksinitiative für eine Verfassungsänderung – die so genannte Konzernverantwortungs-Initiative – zur Abstimmung, welche alle grösseren Schweizer Unternehmen und deren Tochterfirmen zu höheren ethischen Standards in Bezug auf die Menschenrechte und auf die Umwelt überall dort verpflichten wollte, wo sie tätig waren – also auch ausserhalb der Schweiz:

> **Der Initiativtext**
> Die **Bundesverfassung** wird wie folgt geändert: **Art. 101a | Verantwortung von Unternehmen**
> 1 | Der Bund trifft Massnahmen zur Stärkung der *Respektierung der Menschenrechte und der Umwelt durch die Wirtschaft.* 2 | Das Gesetz regelt die Pflichten der *Unternehmen mit satzungsmässigem Sitz, Hauptverwaltung oder Hauptniederlassung in der Schweiz* nach folgenden Grundsätzen: a. Die Unternehmen haben auch im Ausland *die international anerkannten Menschenrechte sowie die internationalen Umweltstandards* zu respektieren; sie haben dafür zu sorgen, dass die international anerkannten Menschenrechte und die internationalen Umweltstandards auch von den *durch sie kontrollierten Unternehmen* respektiert werden;

ob ein Unternehmen ein anderes kontrolliert, bestimmt sich nach den tatsächlichen Verhältnissen; eine *Kontrolle kann faktisch auch durch wirtschaftliche Machtausübung erfolgen*; b. *Die Unternehmen sind zu einer angemessenen Sorgfaltsprüfung verpflichtet; sie sind namentlich verpflichtet,* die tatsächlichen und potenziellen Auswirkungen auf die international anerkannten Menschenrechte und die Umwelt zu ermitteln, geeignete Massnahmen zur Verhütung von Verletzungen international anerkannter Menschenrechte und internationaler Umweltstandards zu ergreifen, bestehende Verletzungen zu beenden und Rechenschaft über ergriffene Massnahmen abzulegen; diese Pflichten gelten in Bezug auf kontrollierte Unternehmen sowie auf sämtliche Geschäftsbeziehungen; der Umfang dieser Sorgfaltsprüfungen ist abhängig von den Risiken in den Bereichen Menschenrechte und Umwelt; *bei der Regelung der Sorgfaltsprüfungspflicht nimmt der Gesetzgeber Rücksicht auf die Bedürfnisse kleiner und mittlerer Unternehmen, die geringe derartige Risiken aufweisen*; c. Die Unternehmen *haften auch für den Schaden, den durch sie kontrollierte Unternehmen* aufgrund der Verletzung von international anerkannten Menschenrechten oder internationalen Umweltstandards in Ausübung ihrer geschäftlichen Verrichtung *verursacht haben*; sie haften dann nicht nach dieser Bestimmung, wenn sie beweisen, dass sie alle gebotene Sorgfalt gemäss Buchstabe b angewendet haben, um den Schaden zu verhüten, oder dass der Schaden auch bei Anwendung dieser Sorgfalt eingetreten wäre; d. Die gestützt auf die Grundsätze nach den Buchstaben a–c erlassenen Bestimmungen gelten unabhängig vom durch das internationale Privatrecht bezeichneten Recht.

Quelle: Konzernverantwortungsinitiative 2020

Obwohl die Volksinitiative von einer ganz knappen Mehrheit, nämlich von 50,7% der Stimmberechtigten angenommen wurde, scheiterte die Verfassungsänderung am so genannten Ständemehr, weil sie von 14,5 der insgesamt 23 Kantone (= „Ständen“) abgelehnt wurde (vgl. Schöchli 2020:6). Trotzdem zeigte die Abstimmung, dass eine Mehrheit der – an sich sehr wirtschaftsfreundlichen – Schweizer Bevölkerung der Wirtschaft ganz klare ethische Standards auch im Ausland vorgeben will. Damit scheint die Schweiz längerfristig in eine ähnliche Richtung gehen zu wollen wie die Europäische Union.

Als eines der grössten Probleme der Globalisierung hat Michail Gorbatschow die Konzentration des Reichtums in den Händen weniger bezeichnet. So habe zwischen 1979 und 2019 das Realeinkommen der amerikanischen Mittelschicht nur um 28% zugenommen, während im gleichen Zeitraum das Realeinkommen der Reichen Amerikas um 95% gewachsen sei (Gorbatschow 2019:52). Ein zentraler Grund dafür sei das Steuersystem, das einseitig auf die Interessen der Reichen und vor allem Reichsten zugeschnitten sei. Seit Jahren sinkende Spitzensteuersätze, Steuervergünstigungen für die Reichen und gleichzeitige Zuname von Armut seien das Resultat. Mit anderen Worten: Ohne ein gerechtes und ausgleichendes Steuersystem kann die Globalisierung nicht in vernünftige und gerechte Bahnen gelenkt werden.

5.6 Migration und freie Niederlassung als Menschenrechte

Nach Meinung von Andreas Cassee (2016:17) ist die Überzeugung, dass „Staaten die Einwanderung nach Massgabe der Interessen und Vorlieben ihrer Bürger unilateral beschränken dürfen, moralisch unhaltbar". Im Gegensatz dazu sei es vielmehr so, „dass alle Menschen ein moralisches Recht auf globale Bewegungs- und Niederlassungsfreiheit haben, das zwar nicht absolut gilt, aber doch eine erheblich offenere Einwanderungspolitik erfordert, als sie heute in Europa und Nordamerika betrieben wird" (Cassee 2016:18). Dieser Ansicht ist aus ethischer Sicht zuzustimmen, und zwar sowohl aus grundsätzlichen Überlegungen als auch gestützt auf eine Reihe von religiös verankerten Normen im Judentum, Christentum und Islam.

Darum müsste – wie gesagt[50] – auch ein umfassendes Menschenrecht auf Migration formuliert und weltweit durchgesetzt werden, in Ergänzung zum Art. 13, Abs. 2 der Europäischen Menschenrechtserklärung: „Jeder hat das Recht, jedes Land, einschließlich seines eigenen, zu verlassen und in sein Land zurückzukehren".

Ein umfassender, neu formulierter Menschenrechtsartikel zu einem umfassenden Recht auf Migration und freie Niederlassung darf nicht nur das Recht auf Auswanderung und Rückkehr ins Heimatland beinhalten, sondern muss auch ein Recht auf Einwanderung und freie Niederlassung in jedem Land auf diesem Planeten mit einschliessen (vgl. ausführlich dazu auch Jäggi 2016c:108ff.).

50 Vgl. dazu auch das Kapitel „3.3 Die Menschenrechte als notwendige Grundlage".

Fazit

Ausgehend vom Prinzip der *tikkun olam* im Sinne des jüdischen Konzepts von „die Welt heilen, reparieren und transformieren" (vgl. Lerner 1994) kann diese grundsätzliche Aufforderung sowohl auf die Hebräische Bibel als auch auf die christlichen Bibel und den Koran zurückgeführt werden: „Die Welt, wie sie ist, kann anders sein, kann transformiert werden, weil die Macht, die sie erschaffen hat, selbst die Macht der Transformation zu Liebe, Mitgefühl und Gerechtigkeit ist" (Duchrow 2013:184). Auf dieser Grundlage wären das Weltwirtschaftssystem zu erneuern, eine neue Wirtschaftsordnung zu errichten und vielleicht sogar „die kapitalistischen Formen des Eigentums zu überwinden" (Durchrow 2013:185). Im Sinne einer ethisch begründeten gegenseitigen Verantwortung (vgl. Jones 2017:85) wären auch alte Konzepte der praktischen Nächstenliebe *(caritas)* und Armenfürsorge als Almosengabe zu erweitern und durch eine neue Form der sozialen Gerechtigkeit zu ersetzen.

Grundlage einer neuen Wirtschaftsethik könnte das Diktum von Paulus im Römerbrief 12,17 sein: „[17] Vergeltet niemand Böses mit Bösem! Seid allen Menschen gegenüber auf Gutes bedacht! [18] Soweit es euch möglich ist, haltet mit allen Menschen Frieden! [19] Rächt euch nicht selber, liebe Brüder, sondern laßt Raum für den Zorn (Gottes); denn in der Schrift steht: Mein ist die Rache, ich werde vergelten, spricht der Herr. [20] Vielmehr: Wenn dein Feind Hunger hat, gib ihm zu essen, wenn er Durst hat, gib ihm zu trinken; tust du das, dann sammelst du glühende Kohlen auf sein Haupt. [21] Laß dich nicht vom Bösen besiegen, sondern besiege das Böse durch das Gute!" (Einheitsübersetzung). Dabei ist grundsätzlich Böses mit Gutem zu vergelten – sozusagen anstelle des ökonomischen Tauschprinzips, wonach Gleiches mit Gleichem oder gleicher Wert mit gleichem Wert vergolten wird, postuliert Paulus ein Prinzip des Gebens von Besserem gegenüber von Schlechterem. Dazu passt auch Lk 6,29ff.: „[29] Dem, der dich auf die eine Wange schlägt, halt auch die andere hin, und dem, der dir den Mantel wegnimmt, laß auch das Hemd. [30] Gib jedem, der dich bittet; und wenn dir jemand etwas wegnimmt, verlang es nicht zurück. [31] Was ihr von anderen erwartet, das tut ebenso auch ihnen" (Lk 6,29ff.; Einheitsübersetzung).

Die grosse Frage ist natürlich, wie ein solches Denken in der Wirtschaft durchgesetzt werden kann. Der Einwand, dass dies gar nicht funktionieren könne und im Grunde der heutigen ökonomischen Logik widerspricht, ist zweifellos bedenkenswert. Trotzdem macht es Sinn, über die möglichen Konsequenzen eines solch radikalen Paradigmenwechsels nachzudenken – und vielleicht lassen sich durchaus einige Aspekte davon verwirklichen.

Lewis und Kaleem (2019:8f.) meinten, dass die Finanzkrise von 2008 und die anschliessende Rezession in erster Linie ethisch-moralische Wurzeln hatten. In ihren Augen ging die Finanzkrise auf einen Mangel an Moral, auf ein Versagen des Gewissens und auf fehlende Zurückhaltung derjenigen zurück, die darin involviert waren[51]. Diese Ansicht werde von den grossen drei Religionen Judentum, Christentum und Islam geteilt. Deshalb muss auch eine neue Wirtschaftsordnung über ausschliesslich ökonomische Regelungen hinausgehen. Wenn auch mit Blick auf die Finanzkrise 2008 die Frage bleibt, auf welcher Ebene vor allem die ethisch-moralischen Verfehlungen festzustellen waren, d.h. im individuellen Verhalten der Manager und Broker oder auf der Ebene der einzelnen Institutionen oder gar in der Konstruktion des gesamten Finanzsystems – Tatsache ist, dass alle drei Bereiche betroffen waren – und bis heute sind. Wenn das Finanzsystem darauf ausgelegt ist, skrupelloses Handeln und Risikoinvestments zu belohnen, dann nützt die beste Tugendethik nichts, wenn umgekehrt die Institutionen und das Finanzsystem ethisch einwandfrei ausgerichtet sind, können moralisch verwerflich handelnde Manager es trotzdem unterlaufen.

Ein soziales Gerechtigkeitskonzept müsste aus jüdischer Sicht auf drei Grundlagen ruhen, nämlich sozusagen auf einem triadischen Verhältnis zwischen „Recht“ *(mišpāṭ)*, „Güte“ *(ḥæsæd)* und „achtsam wandeln“ *(hālak)* (vgl. Utzschneider 2005:140). Dieser Dreipol wird bereits in der Paradieserzählung gezeichnet und scheint bis am Ende des Tanach immer wieder auf. So sagt etwa Sacharja 7,9f.: „[9] So spricht der Herr der Heere: Haltet gerechtes Gericht, jeder zeige seinem Bruder gegenüber Güte und Erbarmen; [10] unterdrückt nicht die Witwen und Waisen, die Fremden und Armen, und plant in eurem Herzen nichts Böses gegeneinander!“ (Einheitsübersetzung).

Dabei könnten diese drei Aspekte, also Recht/Gerechtigkeit, Güte und achtsames Handeln, als mögliche Eckpfeiler einer neuen ökonomischen Ethik zu Grunde gelegt werden, denen alle – und besonders auch ökonomische – Handlungsnormen unterstellt werden müssten.

Eine neue, transkulturelle und interreligiöse Wirtschaftsordnung müsste auf folgenden Prinzipien aufbauen, die – wie Thieme (2017:56ff.) betont – in der katholischen Sozialethik sukzessive herausgearbeitet worden sind:

51 „In this respect, the financial crisis stemmed from a lack of morality and a failure of conscience or sense of self-retraint on the part of those involved“ (Lewis und Kaleem 2019:6).

1) *Das Prinzip der Personalität und Menschenwürde* formuliert in Form von positiven Rechten, wie z.B. der Grundversorgung, gerechter Entlöhnung usw. und in Form von negativen Rechten, also als Abwehr- und Schutzrechte gegenüber dem Staat und gegenüber Dritten;
2) *das Prinzip der Solidarität* gegenüber allen Menschen, zusätzlich konkretisiert in der vorrangigen Option für die Armen und in der Solidarität mit den Sündern;
3) *das Prinzip der Subsidiarität*, insbesondere in Form eines Kompetenzanmassungs- und Interventionsverbots, Schutz vor unangemessenen Eingriffen, aber auch als Hilfe zur Selbsthilfe;
4) *der Vorrang des Gemeinwohls*, heute meist verstanden als Grundlage für soziale Sicherheit und einer – begrenzten – sozialen Umverteilung sowie als Gegengewicht gegen überbordende Partikularinteressen von Einzelpersonen oder Gruppen;
5) *das Prinzip der Nachhaltigkeit*; sowie
6) *das Prinzip der sozialen Gerechtigkeit* (vgl. dazu auch Jäggi 2020c:197ff.).

Institutionell sollte eine neue Welt-Wirtschaftsordnung insbesondere auf den ersten drei Prinzipien beruhen, nämlich erstens auf dem *Prinzip der Personalität,* wonach die Menschenwürde und der Mensch als Geschöpf im Zentrum stehen, zweitens auf dem *Prinzip der Solidarität*, also der Verantwortung der Menschen gegenüber allen anderen Menschen und Lebewesen, und drittens auf dem *Prinzip der Subsidiarität.* Letzteres ordnet Hilfeleistungen und Unterstützungen, aber auch politische Entscheide und institutionelle Regelungen der jeweils zuständigen Ebene zu: Lokale Gemeinden sind für ortsgebundene Probleme zuständig, Regionen für regionale Fragen, Nationalstaaten für landesweite Angelegenheiten und übernationale Institutionen sowie ein zu errichtender demokratischer Weltstaat für alle darüber hinausgehenden Probleme und für Angelegenheiten der gesamten Menschheit (vgl. dazu Oermann 2015:43). Im Sinne von Merk (1993:3) beinhaltet das Subsidiaritätsprinzip auch den Anspruch auf Partizipation, etwa bei der Entscheidfindung.

Die übrigen drei Prinzipien – also *viertens* der *Vorrang des Gemeinwohls, fünftens* das *Prinzip der Nachhaltigkeit* und *sechstens soziale Gerechtigkeit* – sollten dabei als wegweisende *Handlungskriterien für alle ökonomischen und politischen Entscheide* gelten.

Was Oermann (2007:83) für jüdische und christliche Glaubensvorstellungen und Ethiken formuliert hat, nämlich dass sich diese nicht dazu eignen, bestimmte ökonomische Programme oder ökonomische Weltanschauungen durchzusetzen, gilt auch für den Islam.

Entsprechend geht es nicht um pro- oder kontra-kapitalistische Positionen, nicht um „verkappten Sozialismus" oder um die Begründung einer „Ethik der Marktwirtschaft". Vielmehr handelt es sich darum, aufgrund ethischer Reflexion und mit Hilfe von Rückfragen an die Bibel herauszufinden, welche Elemente ordo-ökonomischer Grundvorstellungen mit biblischen – und zu ergänzen wäre: koranischen – Vorstellungen kompatibel sind und der von Gott geoffenbarten Heilsordnung zumindest nicht diametral widersprechen. „Religion kann und darf ökonomische Theoriebildung nicht ersetzen, aber gerade Wirtschaftsethik kann und sollte Ökonomie hinsichtlich des ihrer jeweiligen Theoriebildung zugrunde liegenden Menschenbildes hinterfragen. Wird der Mensch im Markt noch angemessen als Geschöpf, als mit Würde ausgestattete Person oder nur als Instrument wahrgenommen?" (Oermann 2007:83f.). Genau hier muss eine auf religiöse Glaubensvorstellungen, aber auch auf humanistische Ideale ausgerichtete Wirtschaftsordnungsethik ansetzen.

Auf der Grundlage von Judentum, Christentum und Islam lässt sich sagen: Grundlage für eine neue (Welt-)Wirtschaftsordnung bilden im Grunde folgende Prinzipien:

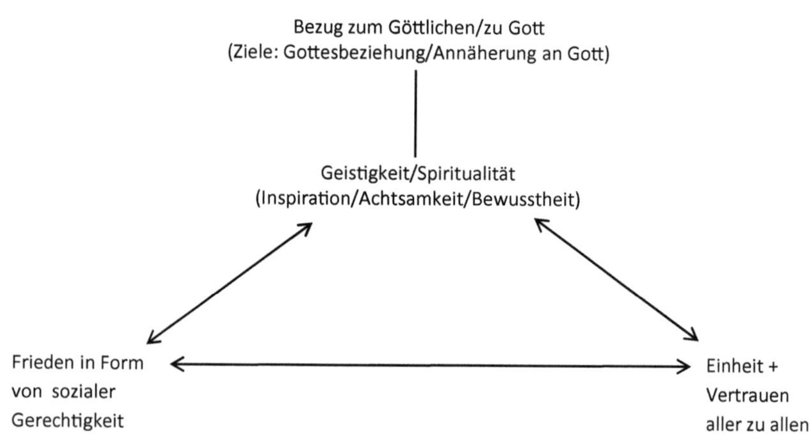

Dieser Dreipol stellt sich auf drei Ebenen:

1. Auf der Ebene des bestehenden Ethos, also vom Ist-Zustand der heutigen Welt her;
2. auf der Ebene einer intentionalen Ethik oder Sollensethik, also wie eine neue Welt aussehen sollte, und
3. vor dem Hintergrund verschiedener Heilsordnungen, so wie sie von Gott geoffenbart oder von Menschen entwickelt worden sind.

Die unteren beiden Prinzipien werden zweifellos auch von säkularen Weltanschauungen geteilt. Doch im Unterschied zu säkularen Vorstellungen betonen religiöse Sichtweisen das Primat des Geistigen, des Spirituellen und auch des Jenseitigen.

Für alle gilt aber, dass eine gerechte Wirtschaftsordnung weit mehr umfassen muss als eine möglichst gleichmässige und effiziente Zuteilung von Gütern und Dienstleistungen – es geht um das Allgemeinwohl und um eine optimale, aber nicht ausufernde Befriedigung sowohl materieller als auch immaterieller Bedürfnisse aller Menschen.

Abkürzungen

Folgende Abkürzungen werden in dieser Arbeit verwendet (in alphabetischer Reihenfolge):

Abkürzung	Volle Textbezeichnung	Bemerkungen
Apg	Apostelgeschichte	
Dtn	Deuteronomium	5. Buch Mose in der Hebräischen Bibel
Ex	Exodus	2. Buch Mose in der Hebräischen Bibel
Gal	Galater	Galaterbrief im Neuen Testament
ILO	International Labour Organization	Internationale Arbeitsorganisation
Joh	Johannes	Johannesevangelium
1 Kor	1. Korinther	1. Korintherbrief
Lev	Leviticus	3. Buch Mose in der Hebräischen Bibel
Lk	Lukas	Lukasevangelium
LS	Laudato Si	Enzyklika von Papst Franziskus: Über die Sorge für das gemeinsame Haus vom 24.5.2015
Mk	Markus	Markusevangelium
Mt	Matthäus	Matthäusevangelium
ÖL	Ökonomie des Lebens	Erklärung des Ökumenischen Rates der Kirchen zu Gerechtigkeit und Frieden für alle – ein Aufruf zum Handeln, Busan 19. Juli 2012

ÖRK	Ökumenischer Rat der Kirchen	Weltweiter Zusammenschluss evangelischer Kirchen (früher auch Weltkirchenrat)
Phil	Philipper	Philipperbrief im Neuen Testament
Q	Qur'ān, auch: Koran	Für koranische Quellen
Röm	Römer	Römerbrief im Neuen Testament
2 Sam	2 Samuel	2. Buch Samuel in der Hebräischen Bibel
Spr	Sprüche	Buch der Sprüche in der Hebräischen Bibel
UNO-Pakt I	Internationaler Pakt über wirtschaftliche, soziale und kulturelle Rechte	Verabschiedet am 16. Dezember 1966 und in Kraft getreten am 3. Januar 1976
UNO-Pakt II	Internationaler Pakt über bürgerliche und politische Rechte	Verabschiedet am 16. Dezember 1966 und in Kraft getreten am 23. März 1976
2 Thess	2 Thessalonicher	2. Thessalonicherbrief

Bibliografie

Allgemeine Erklärung der Menschenrechte
1948: Resolution der Generalversammlung der Vereinten Nationen 217 A (III) vom 10. Dezember 1948. https://www.un.org/depts/german/menschenrechte/aemr.pdf (Zugriff 18.8.2020).

Allheedan, Abdullah
2016: Poverty and Wealth in Islam's Sacred Texts. In: Kollar, Nathan R. / Shafiq, Muhammad (Hrsg.): Poverty and Wealth in Judaism, Christianity and Islam. New York: Palgrave Macmillan. 263ff.

Alvaredo, Facundo / Chancel, Lucas / Piketty, Thomas / Saez, Emmanuel / Zucman, Gabriel
2018: Die weltweite Ungleichheit. Der World Inequality Report. München: C.H. Beck.

Ansorge, Dirk
2009: Gerechtigkeit und Barmherzigkeit Gottes. Die Dramatik von Vergebung und Versöhnung in bibeltheologischer, theologiegeschichtlicher und philosophiegeschichtlicher Perspektive. Freiburg/Br.: Herder.

Arif, Muhammad
2014: Toward a Definition of Islamic Economics. Some Scientific Considerations. In: Alvi, Shafiq / Al-Roubaie, Amer (Hrsg.): Islamic Economics. Critical Concepts in Economics. Volume I. Evolution of Islamic Economics. London/New York: Routledge. 15ff.

Auer, Alfons
1971: Autonome Moral und christlicher Glaube. Düsseldorf: Patmos.
1995: Autonome Moral und christlicher Glaube. 2. Auflage. Düsseldorf: Patmos.

Bahr, Ehrhard (Hrsg.)
1986: Was ist Aufklärung? Thesen und Definitionen. Stuttgart.

2012: Ärztliches Urteilen bei entscheidungsunfähigen Schwerkranken. Geschichte – Theorie – Ethik. Münster: Mentis.

Bangerter, Annika
2019: Grosse Hilfe von kleinen Händen. In: Neue Luzerner Zeitung vom 27.7.2019.

Beckmann, Jan P.
2011: Über Solidarität und Individualismus. In: Busche, Hubertus (Hrsg.): Solidarität. Ein Prinzip des Rechts und der Ethik. Würzburg: Königshausen & Neumann. 55ff.

Bentham, Jeremy
2016: Eine Einführung in die Prinzipien der Moral und der Gesetzgebung. In: Schroth, J. (Hrsg.): Texte zum Utilitarismus. Stuttgart: Reclam. 32ff.

Bernfeld, Simon
1999: Schonung fremden Vermögens. In: Homolka, Walter (Hrsg.): Die Lehren des Judentums nach den Quellen. Band 1. Mit einer Einführung und einem Vorwort von Walter Homolka. München: Gustav Knesebeck. 305ff.

Binswanger, Hans Christoph
1995: Die Marktwirtschaft in der Antike. Zu den ökonomischen Lehren der griechischen Philosophen. In: Füssel, Kuno / Segbers, Franz (Hrsg.): „... so lernen die Völker des Erdkreises Gerechtigkeit". Ein Arbeitsbuch zu Bibel und Ökonomie. Luzern/Salzburg: Exodus/Pustet. 23ff.

Birnbacher, Dieter
2016: Die Begründung des Utilitarismus. In: Schroth, Jörg (Hrsg.): Texte zum Utilitarismus. Stuttgart: Reclam. 211ff.

Bobbert, Monika
2012: Ärztliches Urteilen bei entscheidungsunfähigen Schwerkranken. Geschichte – Theorie – Ethik. Münster: Mentis.

Böckenförde, Ernst-Wolfgang
1967: Die Entstehung des Staates als Vorgang der Säkularisation. In: Buve, Sergius (Hrsg.): Säkularisation und Utopie. Ebracher Studien. Ernst Forsthoff zum 65. Geburtstag. Stuttgart: Kohlhammer. 75ff.

Brakelmann, Günter / Jähnichen, Traugott
1994: Die protestantischen Wurzeln der Sozialen Marktwirtschaft. Ein Quellenband. Gütersloh: Gütersloher Verlagshaus.

Briner, Maja
2020: Die Scham, Hausfrau zu sein. In: Luzerner Zeitung vom 25.8.2020. 4.

Brühl, Jannis
2014: Argentinien treibt auf Staatsbankrott zu. In: Neue Luzerner Zeitung. 18.6.2014. 13.

Brunner, Emil
1943: Gerechtigkeit. Eine Lehre von den Grundgesetzen der Gesellschaftsordnung. Zürich: Zwingli-Verlag.

Buchanan, James M.
1992: Die konstitutionelle Ökonomik der Ethik. In: Koslowski, Peter (Hrsg.): Neuere Entwicklungen in der Wirtschaftsethik und Wirtschaftsphilosophie. Berlin/Heidelberg/New York: Springer.

Bühl, Walter L.
1998: Verantwortung für soziale Systeme. Grundzüge einer globalen Gesellschaftsethik. Stuttgart: Klett-Cotta.

Busch, Alexander
2014: Alte Schulden bringen Argentinien in Nöte. In: Neue Zürcher Zeitung. 18.6.2014.

Busche, Hubertus
2011: Wohlstandsproduktion als institutionalisierte Solidarität? Kritik einer These der neueren Wirtschaftsethik. In: Busche, Hubertus (Hrsg.): Solidarität. Ein Prinzip des Rechts und der Ethik. Würzburg: Königshausen & Neumann. 71ff.

Buschmann, Luise
2013: Das Menschenrecht auf soziale Grundsicherung aus Art. 9 und Art. 11 ICESCR. Dissertation. Münster: Agenda Verlag.

Cassee, Andreas
2016: Globale Bewegungsfreiheit. Ein philosophisches Plädoyer für offene Grenzen. Frankfurt/Main: Suhrkamp Taschenbuch Wissenschaft.

Charter, Martin
2019: Circular Economy Innovation and Design. Setting the Scene. In: Charter, Martin (Hrsg.): Designing for the Circular Economy. London/New York: Routledge. 23ff.

Cheng, Ichin
2019: Why Asia Matters. Circular Ecoomy in Japan, China and Taiwan. In: Charter, Martin (Hrsg.): Designing for the Circular Economy. London/New York: Routledge. 54ff.

Crüsemann, Frank / Dietrich, Walter / Schmitt, Hans-Christoph
2004: Gerechtigkeit – Gewalt – Leben. In: Levinson, Bernard M. / Eckart, Otto (Hrsg.): Recht und Ethik im Alten Testament. Münster: Lit Verlag. 145ff.

Da Silva, Gioia
2020: Superreiche besitzen so viel Vermögen wie nie. In: Neue Zürcher Zeitung vom 8.10.2020. 25.

Duchrow, Ulrich
2013: Gieriges Geld. Auswege aus der Kapitalismusfalle. Befreiungstheologische Perspektiven. München: Kösel.

Ebach, Jürgen
1996a: Streiten mit Gott. Hiob. Teil 1. Hiob 1–20. Neukirchen-Vluyn: Neukirchener Verlag.
1996b: Streiten mit Gott. Hiob. Teil 2. Hiob 21–42. Neukirchen-Vluyn: Neukirchener Verlag.

Eco, Umberto
1992: Die Grenzen der Interpretation. München: Carl Hanser.

Felber, Christian
2010: Gemeinwohl-Ökonomie. Das Wirtschaftsmodell der Zukunft. Wien: Deuticke.

Fenner, Dagmar
2016: Religionsethik. Ein Grundriss. Stuttgart: Kohlhammer.

Gamper, Anna
2010: Staat und Verfassung. Einführung in die Allgemeine Staatslehre. 2. Auflage. Wien: facultas.wuv.

Gesang, Bernward
2016: Wirtschaftsethik und Menschenrechte. Ein Kompass zur Orientierung im ökonomischen Denken und im unternehmerischen Handeln. Tübingen: Mohr Siebeck / UTB.

Goldberg, Amos
2015: Ethics, Identity, and Antifundamental Fundamentalism. Holocaust Memory in the Global Age (a Cultural-Political Introduction). In: Goldberg, Amos / Hazan, Haim (Hrsg.): Marking Evil. Holocaust Memory in the Global Age. New York / Oxford: Berghahn. 3ff.

Gorbatschow, Michail
2019: Was jetzt auf dem Spiel steht. Mein Aufruf für Frieden und Freiheit. München: Siedler.

Guez, Hervé
2020: Durch Feuer wird das Silber rein. In: Neue Zürcher Zeitung vom 10.9.2020. 12.

Haacker, Klaus
2019: Die Apostelgeschichte. Theologischer Kommentar zum Neuen Testament. Band 5. Stuttgart: W. Kohlhammer.

Hahn, Susanne / Kliemt, Hartmut
2017: Wirtschaft ohne Ethik? Eine ökonomisch-philosophische Analyse. Stuttgart: Reclam.

Härle, Wilfried
2011: Ethik. Berlin/New York: De Gruyter.

Hartmann, Evi
2016: Wie viele Sklaven halten Sie? Über Globalisierung und Moral. Frankfurt/Main: Campus.

Häusserman, Dorothee / Wollny, Laura
2017: Anti-Kohle-Bewegung: Gegen Klimawandel, Kapitalismus und Wachstum! In: Burkhart, Corinna / Schmelzer, Matthias / Treu, Nina (Hrsg.): Degrowth in Bewegung(en). 32 alternative Wege zur sozial-ökologischen Transformation. München: Oekom. 34ff.

Heimbach-Steins, Marianne
2016: Grenzverläufe gesellschaftlicher Gerechtigkeit. Migration – Zugehörigkeit – Beteiligung. Paderborn: Ferdinand Schöningh.
2017: Grund zur Sorge – Genderfragen im Feld der Care-Arbeit. In: Brand, Cordula / Heesen, Jessica / Kröber, Birgit / Müller, Uta / Potthast, Thomas (Hrsg.): Ethik in den Kulturen – Kulturen in der Ethik. Eine Festschrift für Regina Ammicht Quinn. Tübingen: Narr Francke Attempto. 231ff.

Hengel, Martin
2008: Studien zum Urchristentum. Kleine Schriften VI. Tübingen: Mohr Siebeck.

Höffe Otfried
2008: Einleitung. In: Höffe, Otfried (Hrsg.): Einführung in die utilitaristische Ethik. 4. Auflage. Tübingen: Narr Francke Auttempto Verlag / UTB. 7ff.
2009: Ist die Demokratie zukunftsfähig? Über moderne Politik. München: C.H. Beck.
2015: Kritik der Freiheit. Das Grundproblem der Moderne. München: C.H. Beck.

Homann, Karl
1993: Wirtschaftsethik. Die Funktion der Moral in der modernen Wirtschaft. In: Wieland, J. (Hrsg.): Wirtschaftsethik und Theorie der Gesellschaft. Frankfurt/Main: Suhrkamp. 32ff.
1995: Ethik und Ökonomik. In: Kappler, Ekkehard / Scheytt, Tobias (Hrsg.): Unternehmensführung – Wirtschaftsethik – Gesellschaftliche Evolution. Annäherungen an eine verantwortungsbewusste Führungspraxis. Gütersloh: Verlag Bertelsmann Stiftung. 177ff.
1999: Das Problem der „Instrumentalisierung“ der Moral in der Wirtschaftsethik. In: Kumar, B. N. / Osterloh, M. / Schreyöff, G. (Hrsg.): Unternehmensethik und die Transformation des Wettbewerbs. Shareholder-Value-Globalisierung-Hyperwettbewerb. Stuttgart: Schäffer Poeschel. 53ff.
2001: Governanceethik und philosophische Ethik mit ökonomischer Methode. Versuch einer Verhältnisbestimmung. In: zfwu Zeitschrift für Wirtschafts- und Unternehmensethik. 2 (2001) 1. 34ff.

Homann, Karl / Blome-Drees, Franz
1992: Wirtschafts- und Unternehmensethik. Göttingen: Vandenhoeck & Ruprecht.

Homann, Karl / Lütge, Christoph
2013: Einführung in die Wirtschaftsethik. 3. Auflage. Berlin: Lit.

Homolka, Walter (Hrsg.)
1999: Die Lehren des Judentums nach den Quellen. Band 1. München: Knesebeck.

Hosp, Gerald
2020: Die Pandemie führt zu einem Anstieg der extremen Armut. In: Neue Zürcher Zeitung vom 8.10.2020. 23.

Houtart, François
2012: From „Common Goods“ to the „Common Good of Humanity“. In: Daiber, Birgit / Houtart, François (Hrsg.): A Postcapitalist Paradigm: The Common Good of Humanity. Brüssel: Rosa Luxemburg Foundation. 11ff.

ILO
1998: Erklärung der IAO über grundlegende Prinzipien und Rechte bei der Arbeit und ihre Folgemassnahmen. Angenommen von der Internationalen Arbeitskonferenz auf ihrer 86. Tagung, Genf, 18. Juni 1998. Genf: ILO. https://www.ilo.org/wcmsp5/groups/public/---europe/---ro-geneva/---ilo-berlin/documents/normativeinstrument/wcms_193727.pdf (Zugriff 24.8.2020).
2002: Resolution and Conclusions of the International Labour Conference on Decent Work and the Informal Economy. International Labour Conference Provisional Record 25. Ninetieth Session. Sixth item on the agenda: The informal economy (general discussion). Report of the Committee on the Informal Economy. Geneva: ILO. https://www.ilo.org/public/english/standards/relm/ilc/ilc90/pdf/pr-25.pdf (Zugriff 24.8.2020).
2008: Decent work and the transition to formalization. Recent trends, policy debates and good practices Report of the Tripartite Interregional Symposium on the informal economy. Enabling Transition to Formalization. Geneva 27–29 November 2007. Genf: ILO.

Internationaler Pakt über bürgerliche und politische Rechte (Zivilpakt)
1966: UNO-Pakt II. Vom 16. Dezember 1966. In Kraft getreten am 23. März 1976. https://www.humanrights.ch/de/ipf/grundlagen/rechtsquellen-instrumente/uno/pakt-ii/ (Zugriff 21.9.2020).

Internationalen Pakt über wirtschaftliche, soziale und kulturelle Rechte
1966: UNO-Pakt I. Vom 16. Dezember 1966. In Kraft getreten am 3. Januar 1976. https://www.humanrights.ch/de/ipf/grundlagen/rechtsquellen-instrumente/uno/pakt-i/ (Zugriff 21.9.2020).

Jäggi, Christian J.
2009: Sozio-kultureller Code, Rituale und Management. Neue Perspektiven in interkulturellen Feldern. Wiesbaden: VS Verlag für Sozialwissenschaften.
2016a: Auf dem Weg zu einer inter-kontextuellen Ethik. Übergreifende Elemente aus religiösen und säkularen Ethiken. Münster/Wien/Zürich: Lit Verlag.

2016b: Doppelte Normativitäten zwischen staatlichen und religiösen Geltungsansprüchen. Am Beispiel der katholischen Kirche, der muslimische Gemeinschaften und der Bahá'í-Gemeinde in der Schweiz. Interreligiöse Begegnungen – Studien und Projekte. Band 12. Münster: Lit Verlag.

2016c: Migration und Flucht. Wirtschaftliche Aspekte – regionale Hot Spots – Dynamiken – Lösungsansätze. Wiesbaden: Springer Gabler.

2016d: Volkswirtschaftliche Baustellen. Analyse – Szenarien – Lösungen. Wiesbaden: Springer Gabler.

2017a: Hidden Agendas. Geopolitik, Terrorismus und Populismus. Zusammenhänge Erklärungsmodelle Lösungsansätze. Nordhausen: Bautz.

2017b: Ökologische Baustellen aus der Sicht der Ökonomie. Verlierer – Gewinner – Alternativen. Wiesbaden: Springer Gabler.

2018a: Ernährung, Nahrungsmittelmärkte und Landwirtschaft. Ökonomische Fragestellungen vor dem Hintergrund der Globalisierung. Wiesbaden: Springer Gabler.

2018b: Frieden, politische Ordnung und Ethik. Fragestellungen – Erklärungsmodelle – Lösungsstrategien. Baden-Baden: Tectum.

2018c: Ökologische Ordnung, Nachhaltigkeit und Ethik. Problemfelder – Modelle – Lösungsansätze. Bausteine ökologischer Ordnungen. Band 1. Marburg: Metropolis.

2018d: Wirtschaftsordnung und Ethik. Problemfelder – Modelle – Lösungsansätze. Wiesbaden: Springer Gabler.

2019a: Bausteine einer politischen Friedensordnung im Judentum. Ethische Grundlagen. Baden-Baden: Tectum.

2019b: Elemente einer ökologischen Gesellschaftsordnung im Judentum. Bausteine ökologischer Ordnungen. Band 2. Marburg: Metropolis.

2020a: Bausteine einer politischen Friedensordnung im Christentum. Ethische Grundlagen. Baden-Baden: Tectum.

2020b: Elemente einer ökologischen Gesellschaftsordnung im Christentum. Bausteine ökologischer Ordnungen. Band 3. Marburg: Metropolis.

2020c: Grundbausteine einer gerechten Wirtschaftsordnung im biblischen Christentum. Eine ethisch-exegetische Analyse. Berlin: Frank & Timme.

2020d: Grundbausteine einer gerechten Wirtschaftsordnung im biblischen und rabbinischen Judentum. Eine judaistisch-ethische Analyse. Berlin: Frank & Timme.

2021a: Bausteine einer politischen Friedensordnung im Islam. Ethische Grundlagen. Baden-Baden: Tectum.

2021b: Elemente einer ökologischen und nachhaltigen Gesellschaftsordnung im Islam. Bausteine ökologischer Ordnungen. Band 4. Marburg: Metropolis.

2021c: Grundbausteine einer gerechten Wirtschaftsordnung im Islam. Eine ethisch-exegetische Analyse. Berlin: Frank & Timme.

2021d: Säkulare und religiöse Bausteine einer universellen Friedensordnung. Eine Zusammenschau. Baden-Baden: Tectum.

2021e: Säkulare und religiöse Elemente einer ökologischen und nachhaltigen Gesellschaftsordnung. Eine Zusammenschau. Bausteine ökologischer Ordnungen. Band 5. Marburg: Metropolis.

Janikowski, Ryszard

2011: Die Bedeutung des Kulturkapitals für nachhaltige Entwicklung. In: Banse, Gerhard / Janikowski, Ryszard / Kiepas, Andrzej (Hrsg.): Nachhaltige Entwicklung – transnational. Berlin: Edition Sigma. 33ff.

Janowski, Bernd

2013: Konfliktgespräch mit Gott. Eine Anthropologie der Psalmen. 4. Auflage. Neukirchen-Vluyn: Neukirchener Verlagsgesellschaft.

Jones, Melinda

2017: From Welfare to Rights in the Jewish Tradition. In: Lieberman, Julia R. / Rozbicki, Michal Jan (Hrsg.): Charity in Jewish, Christian, and Islamic Traditions. Lanham: Lexington Books. 83ff.

Kaddor, Lamya

2010: Warum das islamische Kopftuch obsolet geworden ist. In: Schneiders, Thorsten (Hrsg.): Islamverherrlichung. Wenn die Kritik zum Tabu wird. Wiesbaden: VS Verlag für Sozialwissenschaften. 131ff.

Känzig, Josef

2019: Eine Wirtschaft ohne Abfälle? In: Die Volkswirtschaft. 8–9/2019. 36ff.

Kaplan, Nathan Lee

2018: Ökonomie. In: Von Braun, Christina / Brumlik, Micha (Hrsg.): Handbuch Jüdische Studien. Köln: Böhlau Verlag. 241ff.

Khan, Muhammad Akbar
2014: Consumer Protection and the Islamic Law of Contract. In: Alvi, Shafiq / Al-Roubaie, Amer (Hrsg.): Islamic Economics. Critical Concepts in Economies. Volume III. Islamic Economics: Theories and Market Structure. London/New York: Routledge. 123ff.

Kirchschläger, Peter G.
2017: Mass-Losigkeit und andere ethische Prinzipien des Neuen Testaments. Biblical Tools and Studies – Volume 31. Leuven/Paris/Bristol, CT: Peeters.

Konzernverantwortungsinitiative
2020: Der Initiativtext mit Erklärungen. https://fastenopfer.ch/content/uploads/2016/03/KOVI-Factsheet-5-de.pdf (Zugriff 3.12.2020).

Kamp, Matthias
2021: Das chinesische Modell der Pandemiebekämpfung: Im Westen schwer vorstellbar. In: Neue Zürcher Zeitung vom 19.1.2021. 19.

Küng, Hans
1990: Projekt Weltethos. 2. Auflage. München/Zürich: Piper.
2010: Anständig wirtschaften. Warum Ökonomie Moral braucht. München/Zürich: Piper.

Kuran, Timur
2014: The Economic System in Contemporary Islamic Thought: Interpretation and Assessment. In: Alvi, Shafiq / Al-Roubaie, Amer (Hrsg.): Islamic Economics. Critical Concepts in Economies. Volume II. Islamic Economics: Philosophical Foundations. London/New York: Routledge. 145ff.

Küster, Volker
2011: Einführung in die Interkulturelle Theologie. Göttingen: Vandenhoeck & Ruprecht / UTB.

Lachmann, Werner
2016: Wirtschaft und Ethik. Massstäbe wirtschaftlichen Handelns aus biblischer und ökonomischer Sicht. 3. Auflage. Münster: Lit Verlag.

Laudato Si (LS)
2015: Enzyklika von Papst Franziskus: Über die Sorge für das gemeinsame Haus. Rom: 24.5.2015. http://w2.vatican.va/content/francesco/de/encyclicals/documents/papa-francesco_20150524_enciclica-laudato-si.html (Zugriff 15.01.2020).

Lerner, Michael
1994: Jewish Renewal. A Path to Healing and Transformation. New York: Harper Perennial.

Levinas, Emmanuel
1996: Neue Talmud-Lesungen. Aus dem Französischen übertragen und mit einem Nachwort versehen von Rank Miething. Frankfurt/Main: Verlag Neue Kritik.

Lewis, Bernard
1982: Der Islam von den Anfängen bis zur Eroberung von Konstantinopel. Band II. Religion und Gesellschaft. Zürich/München: Artemis.

Lewis, Mervyn K. / Kaleem, Ahmad
2019: Religion and Finance. Comparing the Approaches of Judaism, Christianity and Islam. Cheltenham/UK / Northampton/MA: Edward Elgar Publishing.

Liedke, Gerhard
1981: Im Bauch des Fisches. 2. Auflage. Stuttgart/Berlin: Kreuz Verlag.

Maier, Charles S.
1993: A Surfait of Memory? Reflections on History Melancholy and Denial. In: History and Memory. 5, No. 2 (Fall/Winter 1993). 136ff.

Maillard, Nathalie
2011: La vulnérabilité. Une nouvelle catégorie morale? Genève: Editions Labor et Fides.

Marx, Karl
1972: Das Kapital. Kritik der politischen Ökonomie. Band 1. Berlin: Dietz Verlag.

Marx, Karl / Engels, Friedrich
1970: Manifest der Kommunistischen Partei. Grundsätze des Kommunismus. Stuttgart: Reclam.

Mehlhorn, Annette / Kress, Brigitta
2015: Religion – Politik – Gender. Unter dem Brennglas von Care. In: Mehlhorn, Annette / Kress, Brigitta (Hrsg.): Füreinander Sorge tragen. Religion, Säkularität und Geschlecht in der globalisierten Welt. Weinheim / Basel: Beltz / Juventa. 12ff.

Merk, Gerhard
1993: Die Prinzipien der Katholischen Soziallehre als Grundlage einer sachgerechten Wirtschaft. https://www.uni-siegen.de/fb5/merk/downloads/aufsaetze_sozialethik/sozialethische_grundsaetze.pdf (Zugriff 21.9.2020). Auch erschienen in: Kimminich, Otto / Klose, Alfred / Neuhold, Leopold (Hrsg.): Mit Realismus und Leidenschaft. Ethik im Dienst einer humanen Welt. Valentin Zsifkovits zum 60. Geburtstag. Graz/Budapest: Schnider. 395ff.

Mieth, Dietmar
2015: Zweiter Teil: Ethik, Moral und Religion. In: Bobbert, Monika / Mieth, Dietmar: Das Proprium der christlichen Ethik. Zur moralischen Perspektive der Religion. Luzern: Edition Exodus. 109ff.

Milanović, Branko
2020: Endlich Gleichheit oder das Ende des Sozialstaats? Über die Probleme des bedingungslosen Grundeinkommens. In: Le Monde Diplomatique (deutsche Ausgabe Schweiz) vom September 2020. 3.

Mill, John Stuart
2006: Utilitarism – Der Utilitarismus. Englisch/Deutsch. Stuttgart: Reclam.

Moore, Geoff
2017: Virtue at Work. Ethics for Individuals, Managers, and Organizations. Oxford: Oxford University Press.

Mühlemann, Fabienne
2020: Monica Ruoss analysiert Lohnausfälle für pflegende Angehörige. In: Luzerner Zeitung vom 5.9.2020. 30.

Müller, Wolfgang Erich
2001: Evangelische Ethik. Darmstadt: Wissenschaftliche Buchgesellschaft.

Muraca, Barbara
2017: Vorwort. In: Burkhart, Corinna / Schmelzer, Matthias / Treu, Nina (Hrsg.): Degrowth in Bewegung(en). 32 alternative Wege zur sozial-ökologischen Transformation. München: Oekom.

Muther, Urs-Ullrich
2010: Paulinische Ökonomie. Der Effizienzbegriff in 1. Korinther 12 und seine Bedeutung für die Gemeindekonzeption. Religion in der Öffentlichkeit. Band 11. Frankfurt/Main: Peter Lang.

Naef, Josef
2014: Wirtschaftsliberalismus. Wird Freiheit zur Fata Morgana? München: Herbert Utz.

Nus, Eduard
2017: 15M: Au seiner autonomen Perspektive – Strategien, Systemkritik und autonome Räume. In: Burkhart, Corinna / Schmelzer, Matthias / Treu, Nina (Hrsg.): Degrowth in Bewegung(en). 32 alternative Wege zur sozial-ökologischen Transformation. München: Oekom. 20ff.

Nussbaum, Martha C.
2006: Women and Human Development. The Capabilities Approach. 10th Printing. New York: Cambridge University Press.

Oermann, Nils Ole
2007: Anständig Geld verdienen? Protestantische Wirtschaftsethik unter den Bedingungen globaler Märkte. Gütersloh: Gütersloher Verlagshaus.
2015: Wirtschaftsethik. Vom freien Markt bis zur Share Economy. München: C.H. Beck.

Ökonomie des Lebens (ÖL)
2012: Erklärung des Ökumenischen Rates der Kirchen zu Gerechtigkeit und Frieden für alle – ein Aufruf zum Handeln. Busan, 19. Juli 2012. https://www.oikoumene.org/de/resources/documents/programmes/public-witness-addressing-power-affirming-peace/poverty-wealth-and-ecology/agape-call-for-action-2012/economy-of-life-justice-and-peace-for-all?set_language=de (Zugriff 15.01.2020).

Pauli, Gunter
2010: Neues Wachstum. Wenn grüne Ideen nachhaltig „blau" werden. Die ZERI Methodik als Startpunkt einer Blue Economy. Berlin: Konvergenta Publishing.

Pensky, Max
2008: The Ends of Solidarity. Discourse Theory in Ethics and Politics. Albany/N.Y.: State University of New York Press.

Platon
1991: Eutyphron. In: Hülser, Karl-Heinz (Hrsg.): Sämtliche Werke in zehn Bänden. Griechisch und Deutsch. Band 2. Frankfurt/Main/Leipzig: Insel. 12ff.
2013: Eutyphron. In: Platon: Werke. Übersetzung und Kommentar von Maximilian Forschner. Band 1. Göttingen; Vandenhoeck & Ruprecht. 11ff.

Prömper, Hans
2015: Sorgende Männer. Eine Frage der Gerechtigkeit. In: Mehlhorn, Annette / Kress, Brigitta (Hrsg.): Füreinander Sorge tragen. Religion, Säkularität und Geschlecht in der globalisierten Welt. Weinheim / Basel: Beltz / Juventa. 123ff.

Radermacher, Franz Josef
2002: Balance oder Zerstörung: Wien: Ökosoziales Forum Europa.

Rauhut, Andreas
2015: Gemeinsam gegen Armut? Globale Gerechtigkeit im Gespräch zwischen christlicher, afrikanischer und konfuzianischer Ethik. Arbeiten zur systematischen Theologie. Band 9. Leipzig: Evangelische Verlagsanstalt.

Rawls, John
1996: Foreword to The Methods of Ethics. In: Sidgwick, Henry: The Methods of Ethics. Seventh Edition. Indianapolis: Hackett Publishing Company. Vf.

Rich, Arthur
1984: Wirtschaftsethik. Grundlagen in theologischer Perspektive. Gütersloh: Gütersloher Verlagshaus.

Rodrik, Dani
2011: Das Globalisierungs-Paradox. München: C.H. Beck.

Roth, Andrea
2017: Option Menschlichkeit. Wirtschaftsethische Perspektiven im Kontext Öffentlicher Theologie und religiöser Bildung. Leipzig: Evangelische Verlagsanstalt.

Röttgers, Kurt
2011: Fraternité und Solidarität in politischer Theorie und Praxis – Begriffsgeschichtliche Beobachtungen. In: Busche, Hubertus (Hrsg.): Solidarität. Ein Prinzip des Rechts und der Ethik. Würzburg: Königshausen & Neumann. 19ff.

Rousseau, Jean-Jacques
2019: Diskurs über die Ungleichheit = Discours sur l'inégalité. Kritische Ausgabe des integralen Textes. 7. Auflage. Paderborn: Ferdinand Schöningh.

Rudnyckyi, Daromir
2012: Spiritual Economies. Islam and Neoliberalism in Contemporary Indonesia. In: Iqtidar, Humeira / Lehmann, David (Hrsg.): Fundamentalism and Charismatic Movements. Critical Concepts in Religious Studies. Volume II: Fundamentalism, Modernity and Globalizations. London/New York: Routledge. 309ff.

Ruh, Hans
2011: Ordnung von unten. Die Demokratie ist erforderlich. Zürich: Versus.

Sabzwari, M. A.
2010: Economic and Fiscal System During the Life of Holy Prophet (P.B.U.H.). In: Al-Roubaie, Amer / Alvi, Shafiq (Hrsg.): Islamic Banking and Finance. Critical Concepts in Economics. Volume I: Pre-Islamic and Early Islamic Finance. London/New York: Routledge. 169ff.

Sandel, Michael J.
2015: Moral und Politik. Wie wir das Richtige tun. Berlin: Ullstein.

Sautter, Hermann
2017: Verantwortlich wirtschaften. Die Ethik gesamtwirtschaftlicher Regelwerke und des unternehmerischen Handelns. Ethik und Ökonomie. Band 20. Marburg: Metropolis.

Schmutz, Christoph G. / Höltschi, René
2020: Auch Deutschland und die EU tüfteln an Vorgaben für Lieferketten. Die Schweiz ist mit ihrer Konzernverantwortungsinitiative nicht allen im Bemühen um mehr Fairness im Geschäftsgebaren. In: Neue Zürcher Zeitung vom 7.11.2020. 29.

Schöchli, Hansueli
2020: Die Konzerndebatte ist noch nicht vorbei. Nach dem Scheitern der Volksinitiative zur Firmenverantwortung richten sich nun die Blicke auf den Gegenvorschlag und die EU. In: Neue Zürcher Zeitung vom 30.11.2020. 6.

Schroth, Jörg
2016: Einleitung. In: Schroth, Jörg (Hrsg.): Texte zum Utilitarismus. Stuttgart: Reclam. 7ff.

Schumacher, E. F.
1979: Die Rückkehr zum menschlichen Mass. Alternativen für Wirtschaft und Technik. „Small is Beautiful“. Zürich: Ex Libris.

Segbers, Franz
1999: Die Hausordnung der Tora. Biblische Impulse für eine theologische Wirtschaftsethik. Luzern: Edition Exodus.

2015: Ökonomie, die dem Menschen dient. die Menschenrechte als Grundlage einer christlichen Wirtschaftsethik. Kevelaer / Neukirchen-Vluyn: Butzon & Bercker / Neukirchener Verlagsgesellschaft.

Sidgwick, Henry
1996: The Methods of Ethics. Seventh Edition. Indianapolis: Hackett Publishing Company.
2008: Methoden der Ethik. In: Höffe, Otfried (Hrsg.): Einführung in die utilitaristische Ethik. 4. Auflage. Tübingen: Narr Francke Attempto Verlag / UTB. 98ff.
2016: Die Methoden der Ethik. In: Schroth, Jörg (Hrsg.): Texte zum Utilitarismus. Stuttgart: Reclam. 92ff.

Simmel, Georg
1989: Philosophie des Geldes. In: Simmel, Georg: Gesamtausgabe. Band 6. Herausgegeben von O. Rammstedt. Frankfurt/Main: Suhrkamp.

Sozialpakt
1966: Internationaler Pakt über wirtschaftliche, soziale und kulturelle Rechte. 16. Dezember 1966. In Kraft getreten am 3. Januar 1976. https://www.admin.ch/opc/de/classified-compilation/19660259/index.html (Zugriff 25.8.2020).

Stückelberger, Christoph
2020: Globalance – Ethics Handbook for A Balanced World Post-Covid. Geneva: Globethics.net Focus Series No. 57. https://www.globethics.net/globalance (free download – Zugriff 24.10.2020).

Tamari, Meir
2010: Jewish Ethics, the State, and Economic Freedom. In: Levine, Aaron (Hrsg.): The Oxford Handbook of Judaism and Economics. Oxford/New York: Oxford University Press. 448ff.

Thieme, Sebastian
2017: Menschengerechtes Wirtschaften? Subsistenzethische Perspektive auf die katholische Sozialethik, feministische Ökonomik und Gesellschaftspolitik. Opladen: Barbara Budrich.

Timani, Hussam S.
2016: Poverty, Wealth, and the Doctrine of Al-Fana' in the Qur'an. In: Kollar, Nathan R. / Shafiq, Muhammad (Hrsg.): Poverty and Wealth in Judaism, Christianity and Islam. New York: Palgrave Macmillan. 173ff.

Trsan, Thomas
2020: Der Boom nachhaltiger Anlagen birgt Gefahren. In: Neue Zürcher Zeitung vom 10.9.2020. 11.

Ucum, Ufuk
1998: Wirtschaftsethik im Christentum und im Islam. Eine volkswirtschaftliche Analyse und ein finanzwirtschaftliches Wettbewerbskonzept. Reihe V: Volks- und Betriebswirtshaft. Band 2328. Frankfurt/Main: Peter Lang.

Ulrich, Peter
2008: Integrative Wirtschaftsethik. Grundlagen einer lebensdienlichen Ökonomie. 4. Auflage. Bern: Haupt.
2010: Zivilisierte Marktwirtschaft. Eine wirtschaftsethische Orientierung. Bern: Haupt.
2016: Integrative Wirtschaftsethik. Grundlagen einer lebensdienlichen Ökonomie. 5. Auflage. Bern: Paul Haupt.

Utzschneider, Helmut
2005: Micha. Züricher Bibelkommentare. Zürich: Theologischer Verlag.

Vischer, Lukas
1996: Arbeit in der Krise. Theologische Orientierungen. Neukirchen-Vluyn: Neukirchener Verlag.

Weber, Max
1993: Die protestantische Ethik und der „Geist" des Kapitalismus. Bodenheim: Athenäum Hain Hanstein.

Webster, Ken
2019: Circular Economy – was ist das? In: CE² – Circular Economy Entrepreneurs. NZZ-Verlagsbeilage vom 21.6.2019. 3.

Wilhelms, Günter / Wulsdorf, Helge
2017: Verantwortung und Gemeinwohl. Wirtschaftsethik – eine neue Perspektive. Regensburg: Friedrich Pustet.

Willam, Michael
2007: Mensch von Anfang an? Eine historische Studie zum Lebensbeginn im Judentum, Christentum und Islam. Studien zur theologischen Ethik. Band 117. Freiburg/Schweiz: Academic Press Fribourg.

Williams, Bernard
2016: Kritik des Utilitarismus. In: Schroth, Jörg (Hrsg.): Texte zum Utilitarismus. Stuttgart: Reclam. 254ff.

Wolf, Jean-Claude
2012: John Stuart Mills „Utilitarismus". Ein kritischer Kommentar. Freiburg/München: Karl Alber Verlag.

Wühle, Matthias
2015: Die Moral der Märkte. Warum Ethik neu gedacht werden muss. Wiesbaden: Springer Fachmedien / J.B. Metzler.

Zenger, Erich / Frevel, Christian
2012: Die Bücher der Tora/des Pentateuch. In: Zenger, Erich et al. (Hrsg.): Einleitung in das Alte Testament. 8. Auflage. Stuttgart: W. Kohlhammer. 67ff.